中国特色社会主义制度优势述评

《中国特色社会主义制度优势述评》编写组◎编

新华出版社

图书在版编目（CIP）数据

中国特色社会主义制度优势述评 /《中国特色社会主义制度优势述评》编写组编. -- 北京：新华出版社, 2022.12（2025.2重印）
ISBN 978-7-5166-6703-3

Ⅰ.①中… Ⅱ.①中… Ⅲ.①中国特色社会主义 – 社会主义制度 – 文集 Ⅳ.①D621-53

中国国家版本馆CIP数据核字（2023）第000412号

中国特色社会主义制度优势述评

编　　者：《中国特色社会主义制度优势述评》编写组	
出 版 人：匡乐成	丛书策划：匡乐成　许　新
责任编辑：陈思淇	装帧设计：刘宝龙

出版发行：新华出版社
地　　址：北京石景山区京原路8号　　邮　编：100040
网　　址：http://www.xinhuapub.com
经　　销：新华书店、新华出版社天猫旗舰店、京东旗舰店及各大网店
购书热线：010 - 63077122　　中国新闻书店购书热线：010 - 63072012
照　　排：六合方圆
印　　刷：大厂回族自治县众邦印务有限公司
成品尺寸：170mm×240mm　1/16
印　　张：11　　　　　　　　　　字　　数：100千字
版　　次：2023年2月第一版　　　印　　次：2025年2月第二次印刷
书　　号：ISBN 978-7-5166-6703-3
定　　价：36.00元

版权专有，侵权必究。如有质量问题，请与出版社联系调换：010-63077124

出版说明

中国特色社会主义制度是当代中国发展进步的根本制度保障，是具有鲜明中国特色、明显制度优势、强大自我完善能力的先进制度。党的十八大以来，以习近平同志为核心的党中央统筹中华民族伟大复兴战略全局和世界百年未有之大变局，解决了许多长期想解决而没有解决的难题，办成了许多过去想办而没有办成的大事，推动党和国家事业取得历史性成就、发生历史性变革，积累了宝贵经验。

2022年9月10日至10月13日，新华社开设"新时代中国调研行·非凡十年看优势"专栏，播发新华社记者深入基层、企业调研后撰写的重点述评文章，从贵州打赢脱贫攻坚战、统筹疫情防控和经济社会发展、北京冬奥会冬残奥会成功举办、全过程人民民主、重大工程建设、大江大河治理、实施区域协调发展战略、基层治理创新等方面，多角度深层次阐述中国特色社会主义制度优势。

为便于广大干部群众深入了解中国特色社会主义制度优势，我们以新华社公开播发的上述系列述评文章为基础，另收录《推动"中国之治"进入新境界——党的十八大以来持续推进全面依法治国述评》和《"让我们的制度成熟而持久"——"十个明确"彰显马克思主义中国化新飞跃述评》两篇文章，编辑出版了《中国特色社会主义制度优势述评》一书，并配设新华社公开播发的图片数十幅。本书内容权威、图文并茂、通俗易懂，是一本适合作为广大干部群众理论学习的参考读物。

 举国同心　合力攻坚
——从贵州打赢脱贫攻坚战看中国特色社会主义制度优势 / 2

923万贫困人口脱贫：坚持党的领导为脱贫攻坚提供坚强政治和组织保障 / 4

192万人搬出大山：坚持精准扶贫方略啃下脱贫硬骨头 / 7

天堑变通途：集中力量办大事补上发展短板 / 13

❷ 号令四面　组织八方
——从统筹疫情防控和经济社会发展看中国特色社会主义制度优势 / 20

经受住一场场严峻的疫情防控考验：党的领导力是风雨来袭时最可靠的主心骨 / 22

疫情防控和经济恢复都走在世界前列：社会主义制度充分发挥集中力量办大事的独特优势 / 26

不断实现好、维护好、发展好最广大人民的根本利益：人民至上理念凝聚起团结伟力 / 33

❸ 冰雪盛会，书写下精彩的中国答卷
——从北京冬奥会冬残奥会成功举办看中国特色社会主义制度优势 / 38

科学指引，坚持党的集中统一领导 / 40

攻坚克难，集中力量办大事 / 45

惠及百姓，"人民至上"贯穿始终 / 51

目录

更好保证人民当家作主
——从全过程人民民主看中国特色社会主义制度优势 / 58

坚持和完善人民当家作主制度体系 / 60

根植中国大地的人民民主实践 / 66

推动"中国之治"迈上新台阶 / 71

奋力赢得发展新优势
——从重大工程建设看中国特色社会主义制度优势 / 74

在党的集中统一领导下凝聚奋进力量 / 76

依靠集中力量办大事实现跨越式发展 / 80

民生工程彰显为民本色 / 84

为了中华民族永续发展
——从大江大河治理看中国特色社会主义制度优势 / 88

党政主要领导上岗　江河湖泊大变样 / 90

全国一盘棋，绘就水网建设"世纪画卷" / 95

依法治水，为中华民族永续发展打造法治保障 / 101

下好全国发展的一盘棋
——从实施区域协调发展战略看中国特色社会主义制度
优势 / 104

全局谋划顶层设计 / 106

发挥比较优势形成发展合力 / 112

打破利益藩篱释放治理效能 / 116

将和谐稳定创建在基层
——从基层治理创新看中国特色社会主义制度优势 / 120

把党的全面领导贯穿到基层治理全过程 / 122

共建共治共享，将以人民为中心作为根本立场 / 126

众人的事情由众人商量，汇聚起广大人民群众的
磅礴力量 / 130

目 录

推动"中国之治"进入新境界
——党的十八大以来持续推进全面依法治国述评 / 134

"全面依法治国是中国特色社会主义的本质要求和重要保障" / 136

"建设中国特色社会主义法治体系，建设社会主义法治国家" / 140

"不断增强人民群众获得感幸福感安全感" / 145

"让我们的制度成熟而持久"
——"十个明确"彰显马克思主义中国化新飞跃述评 / 150

"制度优势是一个国家的最大优势" / 152

"我国国家制度和国家治理体系管不管用、有没有效，实践是最好的试金石" / 156

"只要我们沿着这条道路继续前进，就一定能够实现国家治理体系和治理能力现代化" / 161

举国同心 合力攻坚

——从贵州打赢脱贫攻坚战看中国特色社会主义制度优势

66个贫困县全部脱贫摘帽,923万贫困人口全部脱贫,192万人搬出大山,减贫人数、易地扶贫搬迁人数均为全国之最——

党的十八大以来,在以习近平同志为核心的党中央坚强领导下,贵州作为全国脱贫攻坚战主战场之一,集中各方力量啃下了一个个硬骨头,攻下一个个深贫堡垒,让这里实现了"千年之变"。

习近平总书记指出"我们在脱贫攻坚领域取得了前所未有的成就,彰显了中国共产党领导和我国社会主义制度的政治优势"。

武陵山区、乌蒙山区、滇桂黔石漠化区……记者行走在昔日的集中连片特困地区,亲眼所见贵州大地旧貌换新颜,处处呈现山乡巨变、山河锦绣的时代画卷,充分彰显了习近平新时代中国特色社会主义思想的真理力量和中国特色社会主义制度的独特优势。

923万贫困人口脱贫：坚持党的领导为脱贫攻坚提供坚强政治和组织保障

贵州省台江县老屯乡长滩村，地里一派丰收景象。

在收稻谷前的间隙，苗族绣娘姜引娣正忙着在家里赶制一批刺绣手工艺品，"我卖刺绣的钱，基本上可以够家里一年的开支了。"

刚刚过去的暑假，长滩村旅游逐步恢复，村里的刺绣馆接待了数十个研学团队。

游客的到来，让不少像姜引娣一样的苗寨妇女可以"背着娃娃绣着花，养活自己照顾家"。

而就在2年前，台江县还是贫困县，贫困发生率曾高达37.71%。如今，台江县不仅脱了贫，还走出乡村振兴的新路子。

这背后是几任驻村第一书记的接力。

翻开中组部派驻干部王小权的扶贫日志,他谋划的发展思路清晰可见:"生态环境和民族文化是长滩村发展文化旅游为群众增收致富的宝贵资源……"然而,因为2019年的一场车祸,他倒在了扶贫路上,生命永远定格在45岁。

在没有硝烟的战场上,一个战士倒下去,另一个战士冲上来。

如今,扶贫日志中的设想一一变成现实,长滩村在2020年入选全国乡村旅游重点村。

"接下来,我们的目标是把长滩村打造成苗族文化旅游目的地。"去年接任的驻村第一书记周兴文说,脱贫不是终点,我们要带着乡亲们向更好的生活奋斗。

贵州在明朝就被称为"天下第一贫瘠之地";清乾隆年间,贵州"岁赋所入不敌内地一大县";直到新中国成立之前,贵州大多数农村人口处于绝对贫困状态。

党的十八大以来,贵州累计选派了21.32万名干部到村开展帮扶,瞄准最短的短板发力,群众出行难、用电难、上学难、看病难、通信难等长期没有解决的老大难问题普遍解决。

2020年11月23日,贵州省宣布剩余的9个贫困县退出贫困县序列。至此,我国832个贫困县全部脱贫。如今,贵州同全国人民一道迈入小康社会,923万贫困人口全部脱贫。

贵州是我国打赢脱贫攻坚战的一个缩影。放眼全国，8年时间，9899万农村贫困人口脱贫，创造了彪炳史册的人间奇迹。

这背后是党的十八大以来，中国共产党领导的中国特色社会主义制度下构建的大扶贫格局。

——22个省区市向党中央立下"军令状"。各地建立起脱贫攻坚党政一把手负责制，层层签订脱贫攻坚责任书，层层压实责任，层层传导压力，形成了省市县乡村"五级书记抓扶贫"的工作格局；

——中央明确脱贫攻坚期内贫困县县级党政正职要保持稳定，各地发挥好村党组织在脱贫攻坚中的战斗堡垒作用。

——强化中央统筹、省负总责、市县抓落实的管理机制，推动脱贫攻坚各项政策措施落地生根。

……

中国特色减贫道路为全球减贫贡献了中国智慧和中国方案，坚定了全球减贫信心。

巩固脱贫攻坚成果，接续推进乡村振兴，更需要一代又一代人的奋斗。截至今年上半年，全国18.6万名驻村第一书记、56.3万名工作队员全部选派到位，新老交接有序推进。

192万人搬出大山：坚持精准扶贫方略啃下脱贫硬骨头

清晨5点多，贵州省铜仁市碧江区铜兴街道响塘龙社区。

48岁的脱贫户田江英，穿着橘红色的环卫工作服，骑着电动车出发去梵净山大道上班。

"做环卫工很辛苦吧？"记者问。

"比以前轻松得多哟！"田江英笑着答道。停好车，她拿起扫帚开始打扫，动作麻利娴熟。

田江英曾住在武陵山深处，那个叫一口刀的村庄。

一口刀，地如其名。远远望去，多个寨子散落在高高的山梁间，就好像建在刀背上一样。

2015年，一则"34户人轮种1.5亩水田"的报道让一口刀村出了名，村里的贫困情况让全国人民关注。

2017年，包括田江英在内的172户732人易地扶贫搬迁至260多公里外的碧江区，开始了新生活。

搬得出，还要稳得住、能致富。在响塘龙社区的就业帮扶车间，保洁、月嫂、烹饪等"订单式"就业技能培训确保一户一就业，农民正向市民转变。像这样的就业帮扶车间，在贵州有近千个。

为彻底拔穷根，2015年11月，中央扶贫开发工作会议提出"易地搬迁脱贫一批"，吹响新一轮易地扶贫搬迁的冲锋号。

同年12月，贵州启动这一工作。192万人占全国易地扶贫搬迁人口总数的近五分之一，任务异常艰巨。"十三五"期间，贵州累计建成949个集中安置点，住房46.5万套，整体搬迁贫困自然村寨1万多个。

"搬下山，住新房，党让我们把祖祖辈辈的梦变成了真实的生

举国同心　合力攻坚

★ 2021年7月24日，贵州省黔西市新仁苗族乡化屋村麻窝寨易地扶贫搬迁集中安置点（无人机照片）。（新华社记者杨文斌摄）

★ 2020年11月19日，在贵州省雷山县龙头街道一处易地扶贫搬迁安置点，村民和游客在苗年活动中跳芦笙舞。（新华社记者杨文斌摄）

活。"贵州省册亨县搬迁户罗元高家里客厅挂着老屋的照片，新旧对比十分强烈。搬迁60多公里，生活改天换地。

脱贫攻坚期间，960多万贫困人口通过易地扶贫搬迁彻底告别贫穷，搬迁人口数量相当于一个中等人口国家。

"这在世界上只有我们党和国家能够做到，充分彰显了我们的政治优势和制度优势。"习近平总书记指出。

一口刀村的变迁，是精准扶贫方略的生动实践。我国通过扶持对象精准、措施到户精准等"六个精准"，确保脱贫路上不落一人。

这是史无前例的精准到人，明确"帮扶谁"：8年时间，近2000万人次进村入户，开展贫困人口动态管理和信息采集工作，按照"两不愁三保障"标准精准定位帮扶对象。

专家观点

精准扶贫是我国打赢脱贫攻坚战的基本方略，是彰显我国政治制度优势的重要方面。

——国家乡村振兴局中国扶贫发展中心主任黄承伟

这是举世罕见的精准组织，明确"谁来帮"：25万多个驻村工作队，300多万名县级以上单位派出的驻村干部，做到户户有责任人，村村有帮扶队。

这是实事求是的精准施策，明确"怎么帮"：根据不同致贫原因实施"六个精准""五个一批"，因地制宜、因人施策。

这是审慎科学的精准评估，明确"如何退"：明确"时间表"，引入第三方，聚焦内生力和发展力……创新构建最严格考核评估体系，确保脱贫成果经得起历史检验。

"精准扶贫是我国打赢脱贫攻坚战的基本方略，是彰显我国政治制度优势的重要方面。"国家乡村振兴局中国扶贫发展中心主任黄承伟说。

天堑变通途：集中力量办大事补上发展短板

从高空俯瞰，贵州麻山地区的麻怀村宛如一条鱼，"鱼头"的位置，是一条隧道。

驱车通过这条长216米、宽4米、高5米的隧道，只需短短30多秒，但却凝聚着当地村民15年的艰辛努力。

生活在群山包围之中的村民，数百年来深受交通不便之苦。

"小孩八九岁才能上学，走路来回6个小时；老人生病、孕妇难产要抬到大路边候车；果子熟了烂在岩缝里；村民建房，物资全靠肩挑背驮……"在村里的陈列馆中，记者找到许多对往日的描述。

为打通出山路，从1999年冬天开始，被称为当代"女愚公"的邓迎香和乡亲们一起开山凿洞。经过十余年的艰苦努力，

◀ | 中国特色社会主义制度优势述评 |

★ 2020年8月31日,在贵州省罗甸县沫阳镇麻怀村,邓迎香在隧道内看着过去的照片,回忆开山挖洞的情景。(新华社记者陶亮摄)

2014年,一条隧道终于建成。

有了这条出山路,整个村子面貌发生了翻天覆地的变化。荷塘、凉亭、步道,一处处乡村旅游设施逐渐完善。距村委会不远的食用菌基地,数十名工人在大棚内忙着采摘新鲜的菌子。

从秦朝开五尺道,到元朝修建驿道,再到明朝形成五条通往外省的主要驿道,历经千年,群山阻隔的贵州长期处于"孤岛"状态。

行路难,曾是制约贵州脱贫的最大短板。

★ 2020年3月9日，在贵州省罗甸县沫阳镇麻怀村，邓迎香（左）和村民一起种植白菜苗。（新华社记者陶亮摄）

这是一条挂在崖壁上的"天路"：路边的山崖如斧劈刀削。俯身向下看，令人双腿发抖。

这条路位于贵州省道真仡佬族苗族自治县，连接忠信镇到石笋村，全长5.6公里、宽4.5米。

谈及修路的艰辛，时任村主任费建刚记忆犹新。当时挖掘机现场作业十分艰难，两三天才能掘进一米，既要担心上方滚石，又怕脚下石块松动。

"苦了几辈人，盼了几十年！"村民杨世进说。

昔日"地无三尺平"的贵州，实现了从"千沟万壑"到"高速平原"的重大跨越。

　　脚下的路通了,发展的思路也打通了。贵州农业产业的规模、产量、产值显著提升,蔬菜、食用菌、茶叶等12个农业特色优势产业蓬勃发展。如今,贵州田间地头的农产品装上车就能发往各地,销售半径从平均不到300公里,延伸至东部沿海地区及国际市场。

◆ 2020年1月15日,贵州省道真仡佬族苗族自治县忠信镇石笋村的绝壁通组公路(无人机照片)。(新华社记者陶亮摄)

截至 2020 年底，全国贫困地区新改建公路 110 万公里、新增铁路里程 3.5 万公里，贫困地区具备条件的乡镇和建制村全部通硬化路、通客车、通邮路，贫困地区因路而兴、因路而富。

★ 2020年4月27日，贵州省威宁彝族回族苗族自治县朱家院子至轿顶山乡镇硬化路（无人机照片）。（新华社记者陶亮摄）

党的十八大以来，全国把基础设施建设作为脱贫攻坚基础工程，集中力量，加大投入，全力推进，补齐了贫困地区基础设施短板，推动了贫困地区经济社会快速发展。

这是一场在中国共产党领导下，发挥全国一盘棋的制度优势，举全国之力打赢的脱贫攻坚战：

实施东西部扶贫协作，东部9个省、14个市结对帮扶中西部14个省区市，全国支援西藏和新疆，东部343个经济较发达县市区与中西部573个贫困县开展携手奔小康行动；

开展定点扶贫，307家中央单位定点帮扶592个贫困县；

2012年到2020年，各级财政专项扶贫资金累计投入1.6万亿元，扶贫再贷款累计发放6688亿元……

"从政治基础看，精准扶贫必须坚持中国共产党的领导和发挥社会主义制度集中力量办大事的优势。"黄承伟说。

站在新的历史起点，在以习近平同志为核心的党中央的坚强领导下，全国上下发挥中国特色社会主义制度的显著优势，集中力量办大事，一张蓝图绘到底，一代接着一代干，踔厉奋发，勇毅笃行，在乡村振兴之路上大踏步向前。

（新华社贵阳2022年9月10日电　新华社记者李自良、王丽、侯雪静、向定杰、汪军、骆飞）

号令四面　组织八方

——从统筹疫情防控和经济社会发展看中国特色社会主义制度优势

"我国经济发展和疫情防控保持全球领先地位,充分体现了我国防控疫情的坚实实力和强大能力,充分彰显了中国共产党领导和我国社会主义制度的显著优势。"2022年3月17日,习近平总书记在中共中央政治局常务委员会会议上的讲话掷地有声。

从打赢武汉保卫战、湖北保卫战,到与不断变异的病毒持续较量;从2020年成为全球率先实现经济正增长的主要经济体,到2022年经济顶住压力走出一条修复曲线……两年多来,中国是世界主要大国中新冠肺炎发病率最低、死亡人数最少的国家,统筹经济发展和疫情防控取得世界上最好的成果。

善于运用制度力量应对风险挑战冲击,让中国不断化危为机,稳步前行。

经受住一场场严峻的疫情防控考验：党的领导力是风雨来袭时最可靠的主心骨

夏末，北京，中国共产党历史展览馆。红色殿堂记载着百年峥嵘岁月，为武汉保卫战、湖北保卫战留下专门一页。

一幅幅众志成城抗击疫情的画面、一件件写满签名的"白衣战袍"，让络绎而来的参观者仿佛回到两年多前那个惊心动魄的时刻。

2020年初，大疫突袭。以习近平同志为核心的党中央挽狂澜于既倒：果断关闭离汉离鄂通道，实施史无前例的严格管控，一声令下三军齐发，全党行动、全国动员。

用1个多月的时间初步遏制疫情蔓延势头，用2个月左右的时间将本土每日新增病例控制在个位数以内，用3个月左右的时间取得武汉保卫战、湖北保卫战的决定性成果……

党团结带领全国各族人民,进行了一场惊心动魄的抗疫大战,经受了一场艰苦卓绝的历史大考。

中国共产党的领导是中国特色社会主义制度的最大优势。实践一次次证明,中国共产党所具有的无比坚强的领导力,是风雨来袭时中国人民最可靠的主心骨。

党中央统揽全局、果断决策,彰显"定海神针"作用——

面对突如其来的严重疫情,中央政治局常委会、中央政治局多次召开会议研究决策,领导组织党政军民学、东西南北中大会战;成立中央应对疫情工作领导小组,派出中央指导组,建立国务院联防联控机制……在以习近平同志为核心的党中央坚强领导下,全国迅速形成统一指挥、全面部署、立体防控的战略布局,有效遏制了疫情大面积蔓延,有力改变了病毒传播的危险进程。

进入2022年,奥密克戎变异株席卷全球。3月,疫情波及我国多数省份,感染者人数一度快速上升。关键时刻,以习近平同志为核心的党中央审时度势、科学研判,强调:

域外声音

每个中国人都为中国今天的成就作出了贡献,但要实现这一切,必须得有卓越的政治领导。中国共产党就是这样一支领导力量。

——英国学者马丁·雅克

★ 2020年3月23日,在武汉天河机场,湖北省武汉市第一医院医护人员为广东第14批援鄂医疗队送行。(新华社记者陈晔华摄)

坚持就是胜利。各地区各部门各方面进一步动员起来,统一思想,坚定信心,坚持不懈,抓细抓实各项防疫工作。中国经受住了武汉保卫战以来最为严峻的防控考验。

从疫情发生之初提出"坚定信心、同舟共济、科学防治、精准施策"的总要求,到疫情常态化防控以来确定"外防输入、内防反弹"总策略、"动态清零"总方针;从及时作出统筹疫情防控和经济社会发展的重大决策,到强调"努力用最小的代价实现最大的防控效果,最大限度减少疫情对经济社会发展的影响"……以习近平同志为核心的党中央把舵定向。

460多万个基层党组织冲锋陷阵，党旗在第一线高高飘扬——

2020年2月6日，在坚守防疫卡口12天后，江苏省徐州市铜山区利国镇水利站党支部书记厉恩伟突发心源性疾病去世，年仅44岁。他的父亲厉洪信也是一名党员，料理完后事，强忍泪水："只要组织需要，那个卡口我来顶！"

从病患救治到疫情排查，从复工复产到科研攻关，在统筹疫情防控和经济社会发展的第一线，广大共产党员挺身而出，发挥先锋模范作用，把基层党组织建设成为坚强战斗堡垒。

"每个中国人都为中国今天的成就作出了贡献，但要实现这一切，必须得有卓越的政治领导。"正如英国学者马丁·雅克所言，"中国共产党就是这样一支领导力量。"

疫情防控和经济恢复都走在世界前列：社会主义制度充分发挥集中力量办大事的独特优势

习近平总书记指出，衡量一个国家的制度是否成功、是否优越，一个重要方面就是看其在重大风险挑战面前，能不能号令四面、组织八方共同应对。

奋战22天，累计收治2700余人。2022年8月31日，湖北省支援海南医疗救治队495人顺利完成任务，踏上返程。

疫情延宕反复。三亚一度"告急"，全国19个省份1万余名医疗卫生人员紧急支援海南。进入9月，海南新增报告感染者数持续下降，疫情进入扫尾阶段。

不同的时空，相同的逆行，交汇成全国一盘棋的生动写照。

这是强大的组织动员能力，让中国在困难挑战面前一次次将"不可能"变成"一定能"——

2020年初的湖北，346支国家医疗队、4万多名医务人员奔赴前线；2021年的云南瑞丽，大量人员调至这个边境小城，全面提升医疗救治、核酸检测、流调溯源和集中隔离能力；2022年3月，吉林省疫情防控处于关键时期，10多个省份组建医疗队驰援……千万条线拧成一股绳，才能紧紧抓住战"疫"主动权。

各地测核酸、建方舱，落实早发现、早报告、早隔离、早治疗的防控要求；加大药品和疫苗研发力度，科研人员设立专班，多条技术路线"并联"推进；确保交通物流畅通，确保重点产业链供应链、抗疫保供企业、关键基础设施正常运转……各级党委和政府、各部门各单位各方面闻令而动，步调一致向前进。

这是系统的统筹协调能力，在统筹疫情防控和经济社会发展中凸显效能优势——

2020年1月，北京小汤山医院的设计方接到武汉市城乡建设局急建医院的求助电话。1小时后，修订完善的图纸送达，不到24小时，两地设计院联手形成完整图纸。10天，火神山医院落成；12天，雷神山医院竣工。

2022年8月25日深夜，6套核酸采样工作站日夜兼程

2020年1月24日,在湖北省武汉市火神山医院建设工地,大型机械加紧施工(无人机照片)。(新华社记者肖艺九摄)

由山东运抵新疆喀什，经过调试，即刻投放在重点区域使用。新疆本轮疫情发生以来，对口援疆的多个省市紧急调拨抗疫物资驰援。极具制度特色的对口支援机制，持续为边疆地区安全发展注入强劲动力。

实施新的组合式税费支持政策，2022年预计退税减税约2.64万亿元；加快建设全国统一大市场，畅通国内大循环、促进国内国际双循环；引江补汉工程开工，"东数西算"工程全面启动，一批标志性的重大工程为高质量发展积势蓄能……两年多来，坚持全国一盘棋，中国全力防疫情、稳经济、化危机、开新局。

★ 2022年4月7日，在湖南省长沙市雨花区东塘街道枫树山社区，志愿者把生活物资放进无人车，助力解决物资配送"最后一公里"问题。（新华社记者陈思汗摄）

这是高效的贯彻执行能力,基层治理深入"毛细血管"释放出巨大能量——

太原市小店区并西二社区的网格员陈秀峰,是山西省6.2万名专兼职网格员中的一员。今年4月,疫情波及太原,陈秀峰经常天不亮就赶往岗位,忙到半夜才回家。

疫情发生以来,全国400多万名社区工作者坚守在65万个城乡社区,数以百万计的普通人投入志愿服务,从"蓝马甲"到"红袖箍",社区值守、清洁消杀、买药送菜……广泛发动和依靠群众,中国抗疫构筑起群防群治的严密防线。

从武汉保卫战到迎战德尔塔、奥密克戎,中国经受住一

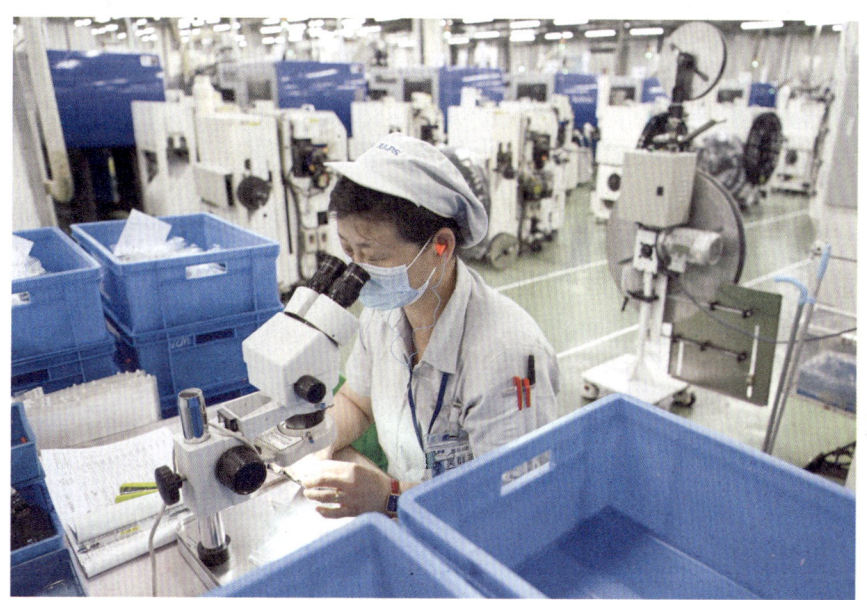

★ 2022年7月5日,无锡阿尔卑斯电子有限公司的工人在零部件生产车间内作业。(新华社记者李博摄)

>  **媒体评论**
>
> 统筹疫情防控和经济社会发展的实践再次证明,中国特色社会主义制度所具有的显著优势,是抵御风险挑战、提高国家治理效能的根本保证。始终坚持一切为了人民、一切依靠人民,也必将得到最广大人民衷心拥护和坚定支持。

场场严峻的疫情防控考验,经济显现强劲韧性。中国制度的效率令世界瞩目。

8月17日,上海,2022年度长三角地区主要领导座谈会和第四届长三角一体化发展高层论坛在这里落幕。会议传递出明确信号:紧扣"一体化"和"高质量",约占全国经济总量四分之一的长三角地区,下半年要为全国稳住经济大盘作出积极贡献。

这从一个侧面再次印证——

我国社会主义制度具有非凡的组织动员能力、统筹协调能力、贯彻执行能力,能够充分发挥集中力量办大事、办难事、办急事的独特优势。

不断实现好、维护好、发展好最广大人民的根本利益：人民至上理念凝聚起团结伟力

2022年4月30日，在吉林大学第一医院二部抗疫救治医疗队的全力救治和精细照护下，106岁的新冠肺炎患者李奶奶顺利出院。

这是此轮疫情中吉林省救治的最高龄新冠肺炎患者。

从新生儿到百岁老人，人民生命安全和身体健康得到最大限度保护——这就是世纪疫情面前的中国选择。

千方百计建院增床，建设方舱医院；新冠肺炎患者治疗费用全部由国家承担，全民免费接种疫苗，新冠治疗药物纳入医保；"米袋子""菜篮子"保供稳价……两年多来，防控策略因时因势调整，人民至上、生命至上的坚定承诺绝不动摇。

2022年中央财政就业补助资金安排617.58亿元，多地

◀ 中国特色社会主义制度优势述评 ▶

扩大机关、事业单位和国有企业等面向高校毕业生的招录规模；对低保对象、特困人员，在发放生活补助的基础上增发生活补贴；为1600多万困难人员代缴城乡居民养老保险费……聚焦百姓"急难愁盼"，始终把人民安危冷暖放在心上，扎扎实实做好保障和改善民生各项工作。

★ 2022年7月19日，在重庆长秦汽车配件有限公司，重庆市璧山区高新区管委会的工作人员（右）在后工序车间内实地走访，了解企业遇到的困难。（新华社记者黄伟摄）

生意红火时,浙江省嘉兴市秀洲区"小地方酒家"的老板娘在后厨和收银台之间忙得脚不着地。今年受疫情冲击,店里资金周转一度出现困难。当地市场监督管理局的工作人员主动联系:月销售额15万元以下个体户免征增值税、个人所得税缓缴6个月……

1.6亿多户市场主体是经济发展动力源、就业顶梁柱。从中央到地方,一项项助企纾困政策,为市场主体送来"及时雨"。

人均预期寿命达到78.2岁,基本医疗保险参保人数超过13.6亿;人均粮食占有量达483公斤,有底气把饭碗牢牢端在自己手里;重污染天数大幅减少,被誉为全球治理大气污染速度最快的国家……统筹疫情防控和经济社会发展,中国坚持看长远,增强人民群众的获得感、幸福感、安全感。

顶住疫情压力,中国如期完成新时代脱贫攻坚目标任务,实现了第一个百年奋斗目标,在中华大地上全面建成小康社会。

2022年上半年国内生产总值同比增长2.5%,二季度经济实现正增长,6月份开始主要经济指标全面回升……中国经济勇开顶风船,贯彻新发展理念,构建新发展格局,推动高质量发展。

统筹疫情防控和经济社会发展的实践再次证明,中国特色社会主义制度所具有的显著优势,是抵御风险挑战、提高

★ 2022年8月30日，在河北省石家庄市裕华区一家超市保供点，外卖人员在打包，准备为市民送货。（新华社记者杨世尧摄）

国家治理效能的根本保证。始终坚持一切为了人民、一切依靠人民，也必将得到最广大人民衷心拥护和坚定支持。

14亿多中国人民充分激发起顽强不屈的意志和坚忍不拔的毅力，用行动证明：有党中央的正确领导，充分发挥社会主义制度优越性，不断实现好、维护好、发展好最广大人民的根本利益,一切艰难险阻都挡不住中国人民前进的步伐。

在以习近平同志为核心的党中央坚强领导下,我们将全力以赴答好统筹疫情防控和经济社会发展这道"加试题",坚定信心答好中华民族伟大复兴这道"必答题",发扬历史主动精神,不断把我国制度优势更好转化为国家治理效能,以必胜的信念奋进新征程、建功新时代。

(新华社北京 2022 年 9 月 23 日电 新华社记者董瑞丰、彭韵佳、屈凌燕、刘红霞)

冰雪盛会,书写下精彩的中国答卷

——从北京冬奥会冬残奥会成功举办看中国特色社会主义制度优势

历时 7 年，冬奥筹办见证非凡的梦想之旅；今朝梦圆，冰雪盛会书写精彩的中国答卷。

2022 年，以立春之日的"一片雪花"拉开帷幕，在生机盎然的早春时节挥手作别，北京冬奥会、冬残奥会的成功举办，兑现了我们对国际社会的庄严承诺，展现出中国特色社会主义制度的显著优势。

正如习近平总书记所说——

"我国社会主义制度非凡的组织动员能力、统筹协调能力、贯彻执行能力，我国坚实的经济实力、科技实力、综合国力，为成功办奥提供了强有力的底气和最坚实的保障！"

科学指引，坚持党的集中统一领导

2022年4月8日上午，如潮的掌声响彻人民大会堂。约3000名为北京冬奥会、冬残奥会作出贡献的各界代表齐聚一堂，共同参加北京冬奥会、冬残奥会总结表彰大会。

表彰大会上，习近平总书记深情回顾办奥历程、全面总结办奥经验，深刻指出："只要始终不渝坚持党的领导，就一定能够战胜前进道路上的任何艰难险阻，就一定能够办成我们想办的任何事情。"

办好中国的事情，关键在党。

7年间，在党的集中统一领导下，北京携手张家口作为主办城市尽锐出战、全力投入，同国际奥委会、国际残奥委会等国际体育组织紧密合作，再次为世界奉献了一届令人难忘的奥运盛会。

冰雪盛会，书写下精彩的中国答卷

★ 2022年4月8日，北京冬奥会、冬残奥会总结表彰大会在北京人民大会堂隆重举行。（新华社记者翟健岚摄）

掌舵领航、把准方向，党的领导为成功办奥提供根本遵循。

时间拨回到7年前，2015年7月31日，国际奥委会即将投票表决2022年冬奥会举办权归属。

通过视频，习近平总书记的声音传遍世界："中国人民一定能在北京为世界奉献一届精彩、非凡、卓越的冬奥会！"

冬奥申办成功20天后，习近平总书记主持召开中共中央政治局常委会会议，提出坚持绿色办奥、共享办奥、开放办奥、廉洁办奥的要求。这四大办奥理念，化作新发展理念的冬奥表达，为办奥确立了原则、指明了方向。

从先后5次专程考察筹办工作，到明确"简约、安全、精彩"的办赛要求，再到面对全球疫情作出"顺利举办即成功"的科学判断，习近平总书记将办好北京冬奥会、冬残奥会作为"党和国家的一件大事"，始终亲自谋划、亲自部署、亲自推动。

在以习近平同志为核心的党中央坚强领导下，北京冬奥会、冬残奥会如期、安全、顺利举办，确保"两个奥运"同样精彩，赢得全世界的高度赞誉。

统筹协调、全力推进，党的领导为成功办奥提供重要保证。

党中央高度重视北京冬奥会、冬残奥会，成立冬奥会工作领导小组，从国家层面统筹力量、协调推进筹办工作。

冬奥会工作领导小组和18个专项工作议事协调机构搭建起冬奥筹办的四梁八柱，北京冬奥组委、北京市、河北省与有关方面紧密合作、全力攻坚，推进各阶段筹办任务有序落实、蹄疾步稳。

面对涵盖50多个业务领域、3000多项任务的工作总清单，来自各行各业数以万计的建设者、工作者、志愿者以"一刻

★ 2019年12月5日,志愿者代表在北京2022年冬奥会和冬残奥会赛会志愿者全球招募启动仪式上挥舞旗帜欢呼。(新华社记者彭子洋摄)

也不能停,一步也不能错,一天也误不起"的工作热情倒排工期、只争朝夕,成就了冰雪盛会的卓越精彩,彰显出我们党强大的群众组织力、社会号召力。

扛起责任、尽显担当,党组织发挥战斗堡垒作用让党旗在冬奥一线高高飘扬。

位于小海陀山区的延庆赛区，是北京冬奥会、冬残奥会三大赛区之一，这里在赛时阶段组建了北京冬奥组委首支场馆运行团队。

2021年，延庆运行中心党支部被党中央授予"全国先进基层党组织"称号。早在选址阶段，面对赛区复杂的条件和艰巨的筹办任务，延庆运行中心的党员干部就走遍了这片区域的每一座山峰，冒着零下30摄氏度的严寒，连续40余天自带干粮在小海陀山上攀爬踏勘上百次，为项目选址提供了最翔实的基础资料。

党的集中统一领导筑牢了做好冬奥、冬残奥筹办备赛工作的基础，党组织的政治优势、组织优势转化为办奥工作的强大力量，广大党员干部牢记初心使命，以实际行动践行"冬奥有我、请党放心"的铿锵誓言。

攻坚克难，集中力量办大事

国际奥委会主席巴赫曾说，奥运会可能是这个星球最复杂的一项活动，仿佛一个巨大而又非常困难的拼图游戏。

当"无与伦比"的北京冬奥会、"精彩非凡"的冬残奥会呈现在世界眼前，"冬奥拼图"拼出中国范本。

作为新冠疫情发生以来首次如期举办的全球综合性体育盛会，北京冬奥会、冬残奥会令世界惊叹："尽管受疫情影响，冬奥筹办工作进展十分顺利，这几乎就是奇迹。"

奇迹背后，"中国为什么能"显现清晰答案：正是集中力量办大事的制度优势，令中国在办奥备赛中不断创造新成绩、书写新篇章。

共同参与、群策群力，"集各方之智、聚各界之力"贯穿冬奥始终——

筹办冬奥、冬残奥,是一项系统工程。习近平总书记多次强调,要"集各方之智,聚各界之力,形成做好筹办工作强大合力"。

筹备阶段,从面向社会公开征集吉祥物、火炬、奖牌等设计方案,到组织全国设计、施工、制冰、监理等各领域专业人士投身场馆建设,再到遴选全球18个国家和地区的57名特聘专家加盟筹办团队,"冬奥蓝图"一步步变为现实的背后,生动诠释出集中力量办大事的制度优势。

赛时阶段,战略指挥、运行指挥、场馆运行的三级工作体系,实现各层级分工协作,提升了跨区域、跨领域指

★ 2019年9月17日,小朋友在北京2022年冬奥会吉祥物和冬残奥会吉祥物发布活动结束后与冬奥会吉祥物"冰墩墩"合影。(新华社记者鞠焕宗摄)

★ 2022年7月11日，部分运动员和教练员在2022短道速滑国家训练营开营仪式后合影。（新华社记者雒圆摄）

挥调度和应急保障能力，从而统筹各方力量，凝聚起强大工作合力。

全力备赛、补齐短板，推动冰雪项目实现历史性突破——

今年夏天，2022短道速滑国家训练营开营，随着2026年米兰—科尔蒂纳丹佩佐冬奥会备战周期开启，北京冬奥会短道速滑冠军任子威回到熟悉的训练场，开始了新的备战。

中国特色社会主义制度优势述评

几个月前，正是任子威和队友们的奋力拼搏，为中国队斩落北京冬奥会首金，中国体育代表团也以9金4银2铜的战绩高居金牌榜第三；北京冬残奥会上，中国体育代表团更是以金牌榜、奖牌榜榜首的辉煌战绩，创造了新的历史。

★ 2022年2月7日，冠军中国选手任子威（前中）与队友武大靖（前左）、李文龙（前右）在北京2022年冬奥会短道速滑项目男子1000米决赛后庆祝。（新华社记者李一博摄）

然而，申办成功伊始，北京冬奥会109个小项中，1/3在我国尚属空白，冬残奥会全部6个大项中也仅开展了两项，加之疫情带来的不利影响，备战形势十分严峻。

以"参赛出彩"为目标，我国充分调动起全国各级系统体育资源，实施跨界跨项选才，扬长补短、各有侧重，优化项目布局，充分发挥科技助力支撑作用。实现北京冬奥会、冬残奥会全项目开展、全项目建队、全项目训练就在短短几年间。

国家体育总局冬季运动管理中心主任倪会忠表示："经过北京周期的不懈努力，我国冰雪运动发展达到了一个新的高地，进入了一个崭新、良好、不断向上发展的局面。"

域外声音

北京冬奥会各项筹备工作十分出色顺利，场馆之精彩、防疫措施之周全、可持续运营理念之先进令人赞叹。

——巴赫

如今，2026年冬奥会的项目设置已确定，各支冰雪运动队抓训练、强基础，目标明确再出发，期待在4年后取得新的更大突破。

主动防范、应对挑战，做到防疫办赛两不误——

做好新冠疫情防控，是北京冬奥会、冬残奥会筹办举办期间面临的最大考验。

坚持统筹考量，我国将冬奥、冬残奥防疫和城市防疫全面融合，针对赛会住宿、餐饮、交通、抵离、物流、医疗等各领域、各环节，完善工作方案和应急预案，精准有效的疫情防控，有力保障了各方人员健康，确保了冬奥、冬残奥安全顺利。

完善的防疫政策、严格的执行措施、悉心的服务保障为全球抗疫和举办国际重大活动提供了有益经验。

"北京冬奥会各项筹备工作十分出色顺利，场馆之精彩、防疫措施之周全、可持续运营理念之先进令人赞叹。"北京冬奥会、冬残奥会筹办举办展现出的中国力量，令巴赫由衷称许。

惠及百姓，"人民至上"贯穿始终

8月8日上午，国家速滑馆"冰丝带"内十分热闹，100余名青少年滑冰选手走进这里，享受着滑冰带来的乐趣。

作为北京冬奥唯一新建冰上竞赛场馆，"冰丝带"自面向公众开放以来，常常迎来滑冰爱好者上冰体验。

北京冬奥会、冬残奥会留下了丰厚遗产，其中之一便是推动冰雪运动在中国的普及和拓展。

曾经，冰雪运动"不进山海关"。伴随着冬奥筹办的脚步，冰雪运动"南展西扩东进"，从关外走向全国、从冬季走向四季、从小众走向大众，中国为世界冰雪运动提供了新的发展机遇，开启了全球冰雪运动的新时代。

正如习近平总书记指出："通过北京冬奥会，中国3亿多人参与冰雪运动，为建设健康中国、促进人民福祉注入新动力"。

始终代表最广大人民根本利益，是中国特色社会主义制度的本质属性。北京冬奥会、冬残奥会坚持办赛和服务人民、促进发展相结合，人民至上的理念贯穿始终。

以绿色冬奥为牵引，为百姓绿色生活增添新的范本。

不久前，北京2022年冬奥会、冬残奥会"十大绿色低碳最佳实践"和"十大绿色低碳技术"两份报告发布。多种方式抵消二氧化碳排放、被动式大型超低能耗体育建筑技术等纷纷入选。

清华大学环境学院教授贺克斌在发布现场表示，希望能通过这两份报告，更好地发挥绿色冬奥的示范带动效应，推动全国各地区、各部门、各行业积极行动起来，广泛开展绿色低碳实践。

冰雪盛会，书写下精彩的中国答卷

★ 2022年7月9日，游客在正式对外开放的国家速滑馆（"冰丝带"）内体验滑冰。（新华社记者鞠焕宗摄）

| 中国特色社会主义制度优势述评 |

★ 2022年3月4日晚,演员在北京2022年冬残奥会开幕式上表演。(新华社记者牟宇摄)

冰雪盛会，书写下精彩的中国答卷

以冬奥、冬残奥为契机，中国将发展体育事业同促进生态文明相结合，在"绿水青山就是金山银山""冰天雪地也是金山银山"理念指引下，一系列"绿色遗产"为百姓共享绿色生活增添新范本。

"办冬奥不是一锤子买卖"，筹办过程助推区域发展，不断创造更加美好的未来。

2022年1月6日，北京冬奥列车亮相。身披"瑞雪迎春"涂装，这趟列车以350公里的时速自动驾驶在中国首条建成投用的智能高铁——京张高铁上。

京张高铁构建起京张两地"一小时经济圈"，崇礼冰雪经济迅速升温，昔日"穷山窝"变成"金窝窝"，成为北京冬奥会、冬残奥会推动区域协同发展的生动写照。

"举办冬奥会是推进京津冀协同发展的重要抓手，必须一体谋划、一体实施，实现北京同河北比翼齐飞。"习近平总书记高瞻远瞩的理念，让人民群众共享办奥成果。

共享办奥成果、助推残健融合，广大残疾人共同书写精彩的人生。

伴着《冬残奥圆舞曲》的旋律，听障舞蹈演员在冬残奥会开幕式上与健全人舞蹈演员默契配合，翩翩起舞，绽放出生命的精彩。

冬残奥赛场，运动员们自强不息、顽强拼搏的精神，激励着更多残疾人战胜挫折，在各自人生舞台上向阳而生、寻梦而行。

与此同时，北京冬残奥会筹办举办有力推动无障碍环境水平不断提升，公共服务更加均衡。

北京冬残奥会对三个赛区的基础设施做出数十万处提升；全国村（社区）综合服务设施中有81%的出入口、56%的服务柜台、38%的厕所进行了无障碍建设和改造，中国8500万残疾人的生活从中受益。

改变始于体育，却不止于体育。成功举办冬奥、冬残奥为运动员提供了竞技舞台，更呼吁全社会提高对残疾人的关注度和包容性，保障残疾人平等权利、推动社会文明进步的愿景正逐步实现。

（新华社北京2022年10月2日电　新华社记者王子铭、姬烨、李春宇、杨帆）

更好保证人民当家作主

——从全过程人民民主看中国特色社会主义制度优势

坚持人民当家作主,发展全过程人民民主;密切联系群众,紧紧依靠人民推动国家发展;是中国特色社会主义制度的一大显著优势。

党的十八大以来,以习近平同志为核心的党中央积极发展和完善全过程人民民主,社会主义民主政治制度化、规范化、程序化全面推进,使中国特色社会主义政治制度优越性更好发挥。

新时代中国共产党人不断推进中国民主理论创新、制度创新、实践创新,丰富和拓展中国特色社会主义民主的政治内涵、理论内涵、实践内涵,成功找到了一条符合中国实际的民主之路,极大增强了中国人民坚持和发展中国特色社会主义民主的自信和底气。

坚持和完善人民当家作主制度体系

2022年6月24日，随着《中华人民共和国体育法》修订通过，天津市和平区小白楼街道办事处响起了热烈的掌声。

一年前，这里刚被全国人大常委会法工委确立为全国第二个设在街道的立法联系点，就开始了围绕体育法修订草案的立法征询。最终，其收集提出的6条建议被采纳写入新法条。

截至今年9月，作为汇聚民意民智的"直通车"，全国人大常委会法工委设立的基层立法联系点已达32个，覆盖全国所有省区市，还带动省一级、设区的市一级人大建立了5500多个基层立法联系点。

人民群众的利益诉求被"原汁原味"反馈到立法机关，合理性的意见和建议在法律中得到充分体现，这正是全过程人民民主的一个真实写照。

更好保证人民当家作主

★ 2021年11月26日，上海虹桥街道基层立法联系点召开《中华人民共和国体育法（修订草案）》意见征询座谈会。（新华社记者刘颖摄）

2019年11月2日，习近平总书记在上海长宁区虹桥街道古北市民中心考察时，一场别开生面的法律草案意见建议征询会正在进行。"我们走的是一条中国特色社会主义政治发展道路，人民民主是一种全过程的民主"，习近平总书记道出了我国社会主义民主的真谛。

民主不是少数国家的专利，而是各国人民的权利，是全人类共同的价值追求。

党的十八大以来，以习近平同志为核心的党中央不断深化对民主政治发展规律的认识，进一步探索发展符合中国国情的民主新路。全过程人民民主，开辟了我国社会主义民主

★ 图为2021年7月24日上海市长宁区虹桥街道古北市民中心内的漫画墙和照片墙。（新华社记者耿馨宁摄）

发展的新境界，成为推进实现国家治理体系和治理能力现代化的重要内容，成为全面建设社会主义现代化国家的时代命题。

"与西方民主理论主要通过一次性选举来确定执政党和政府合法性不同，我国的全过程人民民主实现了党的领导、人民当家作主和依法治国的有机统一。"中国科学院大学教授马一德说。

收到一些居民关于卖菜摊贩占路经营、严重影响交通的意见后，天津市北辰区人大代表、青光镇李家房子村村委会工作人员韩蕊立即通过智能手机履职。

她将双青菜市场周边乱象的视频图片上传到了北辰区人大常委会新推出的线上履职平台，相关部门耐心劝说卖菜摊贩返回市场内经营。"群众的关切得到快速妥善解决。"韩蕊说。

此次履职让她深刻认识到，作为人大代表，能够畅通群众利益表达渠道，保障公民的知情权、参与权、表达权、监督权，背后是人民代表大会制度所凸显的"以人民为中心"的国家性质。

作为我国根本政治制度，人民代表大会制度是实现全过程人民民主的重要制度载体。

人民通过选举、投票行使权利，以及人民内部各方面在重大决策之前进行充分协商、最大程度就共同性问题取得一致意见，是中国社会主义民主的两种重要形式。

2021年，民生实事代表票决制在湖南全省1524个乡镇实现全覆盖，并在26个县级人大试行。湖南湘西龙山县一条十多公里的特色产业路，经过人大代表票决修建。"自从特色产业路修到了家门口，水果卖出

专家观点

我国全过程人民民主是通过相应的国家制度建设来获得支撑的，这是在国家制度形态上的重大创造和创新。

——上海政治学会副会长秦德君

了好价钱，还带动了乡村旅游。"当地群众纷纷点赞。龙山的特色产业路，是致富路、连心路，也是融通民情民意，充分发挥人民代表大会制度特点和优势，发展全过程人民民主的生动例证。

中国共产党领导的多党合作和政治协商制度，是发展全过程人民民主的重要制度安排。作为我国的一项基本政治制度，这是中国共产党、中国人民和各民主党派、无党派人士的伟大政治创造，是从中国土壤中生长出来的新型政党制度。

天津市政协十四届五次会议期间，民革天津市委员会提出的《关于保护发扬历史建筑文化 提高我市建筑商文旅价值的提案》被列为重点提案。市政协就此多次组织实地调研，进一步推动了天津相关点位文物保护与国际消费中心城市建设紧密结合。

民族区域自治制度和基层群众自治制度这两大制度创举，也构成了全过程人民民主在民族和基层事务上的制度安排。

民族区域自治制度尊重各民族的主体地位，为激发地方创造精神和社会活力提供巨大空间，而基层群众自治制度则尊重基层群众首创精神，维护人民群众参与民主治理的法理地位。

提起"凯丽说事点"，新疆乌鲁木齐市天山区固原巷社区的居民都会竖起大拇指。"凯丽",维吾尔语意为"心灵"。在这个少数民族居民占95%以上的社区,街坊邻里有什么操心事、烦心事、揪心事,都会到"凯丽说事点"来坐一坐、聊一聊。

几张沙发,几把椅子,群众来了倒上一杯热茶……自2018年4月成立以来,"凯丽说事点"平均每天接待近20人,形成"有事大家议""意见大家提"的良性机制,而大家所议所提的意见和建议都能得到及时的反馈和解决。

上海政治学会副会长秦德君表示,制度是一个社会结构的灵魂,"我国全过程人民民主是通过相应的国家制度建设来获得支撑的,这是在国家制度形态上的重大创造和创新。"

根植中国大地的人民民主实践

当被问及履职过程中哪个瞬间最难忘时,全国人大代表、天津市律师协会会长才华说:"2020年5月28日,我在人民大会堂见证了《中华人民共和国民法典》表决通过的历史性时刻。"

在那之前,他受邀参加了全国人大常委会关于民法典草案的研讨。在讨论继承编时,关于继承是否从被继承人死亡时开始,现场辩论气氛尤为热烈。有专家提出继承不一定从被继承人死亡开始,如果是附条件的继承,应该从条件完成时开始。但才华结合工作中一些涉及债权债务继承的案件,认为继承从被继承人死亡时开始有利于明确权责、避免产生一些新的纠纷。他的观点最终得到了采纳。

"全国人大常委会先后十次进行审议,多次向社会公开

更好保证人民当家作主

★ 2020年5月28日,十三届全国人大三次会议表决《中华人民共和国民法典(草案)》。(新华社记者丁海涛摄)

征求意见，三次组织全国人大代表研读讨论，采取多种方式征求各方面意见……"

才华参与的研讨被记录在第十三届全国人大宪法和法律委员会关于《中华人民共和国民法典（草案）》审议结果的报告之中。这显示出包括人大协商在内的民主协商的优势和效能。

2017年，在此前加入"民主决策"的基础上，党的十九大报告又加入了"民主协商"，形成了民主选举、民主协商、民主决策、民主管理、民主监督的科学结构，同时提出"统筹推进政党协商、人大协商、政府协商、政协协商、人民团体协商、基层协商以及社会组织协商"的有机结构，使国家政治生活和社会生活各环节、各方面都体现人民意志、保障人民权益，充分彰显我国制度优势。

"老旧小区缺少活动空间的问题得尽快解决""小区逢雨必涝，疏通下水道还不够，改造时得抬高路面"……江西省南昌市西湖区朝阳洲街道绿源社区党群服务中心内，十几个人围坐一圈，社区居民抛出问题，代建方逐一释疑，区人大代表既当"监督员"又当"协调员"，你一言我一语，共商老旧小区改造方案。

民生项目从政府"配餐"到群众"点单"，南昌市全面推行民生实事项目人大代表票决制，将"群众想什么"与"政府干什么"精准对接，在项目征集、决策、监督、评价等环

★ 2022年7月21日，在浙江省湖州市长兴县吕山乡龙溪村的议事公园内，田园议事会成员开展讨论协商。（新华社记者徐昱摄）

节听"民声"、聚"民智"、解"民忧"，成为全过程人民民主的生动实践。

真民主、好民主，就要真正做到人民当家作主。人民不仅有选举、投票的权利，也有广泛参与的权利；不仅能表达自己的意愿，也能有效实现意愿；不仅推动国家发展，也共享发展成果。

既有完整的制度程序，也有完整的参与实践，全过程人民民主在我国逐渐形成完整的体系框架，并涉及政治、经济、文化、社会、生态文明等各领域，形成全链条、全方位、全覆盖，确保民主最广泛、最真实、最管用。

★ 2021年11月19日，政协委员、政府部门代表、物业代表等在广州市政协"有事好商量"民生实事协商平台，围绕加强装修垃圾管理议题展开协商。（新华社发　庄小龙摄）

2021年全国两会上，来自快递行业的基层全国人大代表柴闪闪和其他代表一起提出的建议，推动了外卖骑手、快递小哥等灵活就业人员劳动保障有关政策的出台；

为解决好"民生小事"，有的地方组织市、区、乡镇三级万余名人大代表，深入企业、工厂、街道社区等，听取数十万名市民群众意见建议，许多"金点子"成为立法为民的"金钥匙"……

全过程人民民主丰富、创新、发展了人民民主的实践形式和内容。一个个鲜活的事例，一项项生动的实践，共同诠释着人民当家作主的真谛。

推动"中国之治"迈上新台阶

今年 49 岁的天津市公交集团第三客运有限公司 8 路车队驾驶员王艳,这几年对人民当家作主有了更深刻的认识。作为十三届全国人大代表,她把"公交车厢"变成了"民声信箱"。

一次行驶途中,王艳听到乘客们热烈讨论"快递送货上门难",就利用下班时间跑了多个小区实地调研。今年 3 月召开的十三届全国人大五次会议上,她提交了"关于快递业务公司完善送货上门服务的建议"。之后,国家邮政局等部门与王艳联系并开展了有关调研,推动相关问题进一步解决。

如何评价一个国家政治制度是否民主、有效?习近平总书记在 2014 年庆祝全国人民代表大会成立 60 周年大会上,提出了"八个能否"的标准。其中包括"人民群众能否畅通表达利益要求""社会各方面能否有效参与国家政治生活""国家决策能否实现科学化、民主化"等。

民主不是装饰品，不是用来做摆设的，而是要用来解决人民需要解决的问题的。

"全过程的人民民主"，即民主不能只体现在选举、投票中，还要体现在常态的治理实践中，让民主真正从价值理念成为顺应时代发展的制度形态、治理机制和人民的生活方式。

党的十八大以来，随着国家治理体系和治理能力现代化目标的提出，民主与治理更加紧密地结合在一起。全过程人民民主成为推进国家治理体系和治理能力现代化的题中之义和实践路径。

"全过程人民民主意味着民主的所有要素、所有环节都要发挥应有效能。"中国社科院社会主义民主研究中心主任张树华说，比如，我国的重大立法和决策都是经过民意征集、民主酝酿，通过科学决策、民主决策产生的。在这个过程中，民意经过听证、函询、座谈、网络问政等多种方式，被广泛纳入决策程序中。

2020年8月，当内蒙古达拉特旗蒲圪卜村干部李电波以网名"云帆"留下发展"互助性养老"的建议时，他并未想到，这几个字会被写入《中共中央关于制定国民经济和社会发展第十四个五年规划和二〇三五年远景目标的建议》之中，又继而通过法定程序转化为政府施政的内容。边远地区的小村庄直通首都北京中南海、人民大会堂。

民意与国策共鸣、党心与民心相通。全过程人民民主构建起覆盖14亿多人民、56个民族的民主体系，保证了人民民主的理念、方针、政策贯彻到国家政治生活和社会生活的方方面面，实现了最广大人民的最广泛持续参与，创造了世所罕见的"中国之治"。在党的领导、人民当家作主、依法治国有机统一中，全过程人民民主为人类政治文明进步提供了中国智慧。

（新华社北京 2022 年 10 月 3 日电 新华社记者任沁沁、李鲲、张宇琪、孙少雄）

奋力赢得发展新优势

——从重大工程建设看中国特色社会主义制度优势

"嫦娥"落月、"天问"探火、神舟飞天、高铁奔驰、C919首飞、南水北调、"西电东送"……从南海之滨到北国雪原,从东部沿海到西北内陆,一个个重大工程相继问世,一项项发展成就硕果累累,汇聚成一幅波澜壮阔的时代画卷。

党的十八大以来,在以习近平同志为核心的党中央坚强领导下,我国重大工程建设稳步推进。习近平总书记强调:"我们最大的优势是我国社会主义制度能够集中力量办大事。这是我们成就事业的重要法宝。"

一路行来,大国工程的每一次突破、每一步跨越都体现了中国工程建设的雄厚实力,彰显了中国精神和中国力量,更充分揭示了习近平新时代中国特色社会主义思想的实践伟力和我国社会主义制度集中力量办大事的独特优势。

在党的集中统一领导下凝聚奋进力量

秋日的伶仃洋,粤港澳大湾区核心交通枢纽深中通道岛隧工程施工海域一片热火朝天的景象。这个集"桥、岛、隧、水下互通"于一体的世界级超级工程,将在两年后连通隔海相望的中山市和深圳市,勾连起粤港澳大湾区的生机与活力。

"中国天眼"落成启用、"华龙一号"核电机组投入商业运行、复兴号动车组开上青藏高原……党的十八大以来,以习近平同志为核心的党中央高瞻远瞩、统筹谋划,我国重大工程建设取得了一系列具有重大现实意义和深远历史意义的成就,为我国成为有世界影响的大国奠定了重要基础。

10年间,各级党组织坚定不移把党中央各项决策部署落到实处,充分彰显党的政治领导力、统筹协调力和强大执行力。

奋力赢得发展新优势

★ 这是"着巡合影"图。2021年6月11日,国家航天局在北京举行天问一号探测器着陆火星首批科学影像图揭幕仪式,公布了由祝融号火星车拍摄的着陆点全景、火星地形地貌、"中国印迹"和"着巡合影"等影像图。首批科学影像图的发布,标志着我国首次火星探测任务取得圆满成功。(新华社发 国家航天局供图)

乌东德、白鹤滩工程地质复杂、气候恶劣,综合建造难度居世界前列。中国三峡建工集团党委所属的乌东德、白鹤滩基层党组织联合参建单位广泛开展党员红旗岗、党员先锋号、党员攻关小组等活动,攻克了一系列水电工程重大技术难关;滇中引水工程施工中,各参建单位以党建引领为龙头,把党建引领与施工生产紧密结合,不断增强基层党组织的战斗堡垒作用,提质提速打造精品水利工程……

今年以来,受超预期因素影响,我国经济下行压力增大,稳重大工程投资、尽快形成实物工作量,对经济发展的支撑作用更加凸显。

在党中央以上率下示范引领下,各地以钉钉子精神做实做细做好各项工作,列出任务书、排出时间表、画定路线图,平陆运河、引汉济渭等一个个重大工程紧锣密鼓推进,发挥投资带动作用,为稳住经济大盘、提高综合竞争力、保障国家安全提供支撑。

一位西方政要来华访问时曾提出问题:为何中国制定的五年规划能一个接一个地完成?得到的答案是:中国的制度设计就是一张蓝图绘到底,一代接着一代干。

"实践证明,始终坚持党的强有力领导,才能正确发挥引领建设中国特色社会主义的最大功效。"中国宏观经济研究院经济研究所战略规划室副主任王利伟说。

★ 图为2022年6月7日深中通道伶仃洋大桥东塔、西人工岛及远处的深圳市区。（新华社记者邓华摄）

依靠集中力量办大事实现跨越式发展

更加高效地配置科技创新的力量资源、更加有力地强化跨学科领域的协同攻关，在重点领域、前沿技术方面，迅速形成竞争优势、争取战略主动，是关键核心技术攻关新型举国体制下社会主义制度集中力量办大事的显著优势。

"中国的特高压技术很厉害，厉害到什么程度呢？"中国电力工程顾问集团东北电力设计院有限公司副总工程师张国良说，全球只有中国掌握特高压全套核心技术，所以中国标准就是世界标准。

特高压技术的突破，离不开重大工程依托、离不开联合攻关。

发挥集中力量办大事的制度优势，电网企业组织了几十家科研机构、高校和200多家设备制造企业的近5万名工程技术人员，产学研用协同攻关。依托自主创新，他们成功研发出与特高压相关的 21 大类、310 项关键技术，连续攻克了特高电压、特大电流的绝缘、设备研制、电磁环境控制、试验技术等世界级难题。

9 月 13 日下午，历经 13 天的连续施工，"西电东送"大动脉白鹤滩—浙江 ±800 千伏特高压直流输电工程重庆段顺利完成长江大跨越放线作业，标志着"西电东送"工程取得重大进展。

★ 2022 年 9 月 16 日，白鹤滩至浙江 ±800 千伏特高压直流输电工程（白浙线）安徽段顺利完成长江大跨越放线作业。白浙线是我国实施"西电东送"战略的重点工程（无人机照片）。（新华社发　赵献富摄）

党的十八大以来，围绕国家重大战略需求，一项项重大工程建设着力攻破关键核心技术，抢占事关长远和全局的战略制高点，在实现跨越式发展的同时，始终坚持优势资源整体推进，集中力量办大事。

"要充分发挥我国社会主义制度能够集中力量办大事的优势，把这一光荣而艰巨的历史任务完成好。"2020年11月，川藏铁路开工建设时，习近平总书记作出重要指示。

2022年9月6日，中央全面深化改革委员会第二十七次会议审议通过了《关于健全社会主义市场经济条件下关键核心技术攻关新型举国体制的意见》。习近平总书记强调："要发挥我国社会主义制度能够集中力量办大事的显著优势，强化党和国家对重大科技创新的领导，充分发挥市场机制作用，围绕国家战略需求，优化配置创新资源，强化国家战略科技力量，大幅提升科技攻关体系化能力，在若干重要领域形成竞争优势、赢得战略主动。"

10909米！这是我国载人深潜创造的下潜纪录。2020年11月，"奋斗者"号在马里亚纳海沟成功坐底，我国从此具有了进入世界海洋最深处的能力。

万米深潜谈何容易！马里亚纳海沟最深处约11000米，水压高、完全黑暗的极端恶劣环境对潜水器的抗压能力、操控性能、通信系统的考验，无一不是世界级科技难题。

★ 2021年8月18日，工作人员在西太平洋准备从"探索一号"科考船甲板布放"奋斗者"号。（新华社记者陈凯姿摄）

对此，我国组织近百家科研院所、高校、企业的近千名科研人员，按照"没有单位、只有岗位"的理念开展协同攻关，突破了一系列关键核心技术，"奋斗者"号部件的国产化率超过了96.5%，具备了全海深进入探测和作业的能力。

"在今天的中国，集中力量办大事，使我国在一些关键领域、重大项目上以较短时间实现了突破和创新。"广东省习近平新时代中国特色社会主义思想研究中心特约研究员陈梓睿表示，从新中国成立以来重大工程建设这个领域可以清晰看出，在集中力量办大事的制度优势下，无论是科技创新能力还是创新速度，我们都实现了历史性跨越。

民生工程彰显为民本色

黄沙漫漫、狂风肆虐，这里是有着"死亡之海"之称的塔克拉玛干沙漠。恶劣的自然环境，阻断了大多数生物的繁衍生息，也阻碍了巴音郭楞蒙古自治州且末县的发展。在"死亡之海"上开通一条与外界联系的道路，成了且末县民众长久的盼望。

2017年10月，新疆尉犁县至且末县沙漠公路开工建设。克服路基松软、风沙埋路等难题，挖平32座高大沙山，填平28处丘间洼地，历经近5年"起早贪黑"的沙漠施工，2022年6月30日，这条全长334公里的沙漠公路正式通车。

路通了，从库尔勒市到且末县只用6个小时，用时缩短一半。当地牧业的运输和养殖成本大大降低，也方便了塔里木盆地丰富石油天然气资源的勘探、开发、运输……

"中国特色社会主义制度所具有的显著优势，就是抵御风险挑战、提高国家治理效能的根本保证，就是始终坚持一切为了人民、一切依靠人民，不断促进社会公平正义。这是我们制度设计的出发点和落脚点。"中国人民大学公共管理学院教授许光建说。

悠悠万事，民生为大。我们始终坚持以人民为中心的发展思想，不断提高发展质量和效益，惠及广大人民群众重大工程建设突飞猛进。

受益于南水北调工程，中线河南、河北、北京、天津四省市5300多万人喝上长江水，500多万人告别了高氟水、苦咸水；

受益于"西电东送"工程，西部资源优势转化为经济优势，为东部经济腾飞提供急需的能源，点亮万家灯火……

"我们党是为人民服务、为人民造福的党。把老百姓关心的事一件件办好，是共产党人的共同心愿。"习近平总书记的一番话饱含深情，揭示了中国共产党人一以贯之的为民宗旨。

今年是党的二十大召开之年。开年以来，各地各部门按照党中央关于"适度超前开展基础设施投资"的要求，持续推进"十四五"规划102项重大工程有序实施，推动重大项目建设见行见效、提质提效。

细看这102项重大工程，既有事关经济社会高质量发展的"国家大事"，如新一代人工智能、量子信息等引领未来发展的关键性重大攻关项目，川藏铁路、雅鲁藏布江下游水电基地、沿江沿海铁路等基础设施领域具有世界级水平的标志性工程，也有聚焦民生冷暖的"暖心小事"，如直接关系老百姓的城镇老旧小区改造、城市防洪排涝等一系列重大民生项目。

加装电梯、更换门窗、修建无障碍坡道——强调"一户一设计"的老旧小区改造有序推进。"十四五"期间，全国将基本完成2000年底前建成、约21.9万个城镇老旧小区改

★ 图为2022年7月18日在陕西省蒲城县拍摄的C919大飞机的试飞机。（新华社记者丁汀摄）

造任务。

5G 基站建起来，社会经济发展有了更快捷的"信息高速路"——截至今年 9 月 9 日，我国累计建成开通 5G 基站 196.8 万个，工业互联网高质量外网覆盖全国 300 多个城市，新场景不断涌现。

崇山峻岭竖起巍巍铁塔，悬崖深涧架起悬索大桥，茫茫戈壁建成光伏电站……一个个重大工程拔地而起，传递着民生温度，不断提升人民群众的获得感、幸福感、安全感，印证着在党中央的正确领导下，我国充分发挥社会主义制度的优越性，必须把实现好、维护好、发展好最广大人民根本利益作为一切工作的出发点和落脚点，更加自觉地使改革发展成果更多更公平惠及全体人民。

"欲筑室者，先治其基。"在以习近平同志为核心的党中央坚强领导下，全党全国各族人民充分发挥中国特色社会主义制度的显著优势，全面加强重大工程建设，构建现代化基础设施体系，踔厉奋发、勇毅前行，为全面建设社会主义现代化国家夯基垒石。

（新华社北京 2022 年 10 月 7 日电　新华社记者樊曦、叶昊鸣、张泉、严赋憬、田建川）

为了中华民族永续发展

——从大江大河治理看中国特色社会主义制度优势

"继长江经济带发展战略之后,我们提出黄河流域生态保护和高质量发展战略,国家的'江河战略'就确立起来了。"2021年10月,习近平总书记在主持召开深入推动黄河流域生态保护和高质量发展座谈会上指出。

　　善治国者,必先治水。党的十八大以来,习近平总书记站在中华民族永续发展的战略高度,提出"节水优先、空间均衡、系统治理、两手发力"治水思路;确立国家"江河战略",擘画国家水网建设等,我国大江大河治理取得历史性成就、发生历史性变革。

党政主要领导上岗　江河湖泊大变样

9月19日上午9点,在南京渔政趸船码头,四艘科考船整装待发,2022年长江江豚科学考察正式启动。

这是长江十年禁渔实施后首次流域性物种系统调查,让人们充满期待。

长江禁渔是党中央为全局计、为子孙谋而作出的重要决策,是中华民族发展史上一项前无古人的伟大创举,也是共抓长江大保护的历史性、标志性、示范性工程。

"长江禁渔是践行长江经济带生态优先绿色发展的示范工程,可以为推进其他流域治理提供可推广可复制的长江模式,为世界大河流域生态保护提供可参考可借鉴的中国方案。"农业农村部副部长马有祥说。

百姓生计,千秋大计,只有在党的坚强领导下才能破题。

★ 2022年9月24日，长江江豚科学考察船在湖北监利段水域行驶（无人机照片）。（新华社记者肖艺九摄）

"长江禁渔是件大事，关系30多万渔民的生计，代价不小，但比起全流域的生态保护还是值得的。长江水生生物多样性不能在我们这一代手里搞没了。"习近平总书记指出，长江禁渔也不是把渔民甩上岸就不管了，要把相关工作做细做实，多开发就业渠道和公益性岗位，让渔民们稳得住、能致富。

滚滚大江、滔滔长河，祖国的大江大河，习近平总书记一直牵挂于心。

党的十八大以来，习近平总书记先后6次主持召开座谈会研究部署长江经济带发展、黄河流域生态保护和高质量发展。

在总书记主持下，全流域省区市党政主要负责同志聚集一堂，万里江河一条心，千帆协进谋保护，史无前例。

从2017年以后，他们还有了一个共同身份：省级河湖长。

"每条河流要有'河长'了"，习近平主席在2017年新年贺词中说。

河湖长制是习近平总书记亲自谋划、亲自部署、亲自推动的一项重大改革举措和重大制度创新。党的十九届五中全会提出，强化河湖长制，加强大江大河和重要湖泊湿地生态保护治理，实施好长江十年禁渔。

目前全国31个省份党政主要负责同志担任省级河湖长。

★ 2021年5月8日，在浙江省湖州市吴兴区东林镇泉益村，镇人大代表和河长（右）在巡查河道。（新华社记者徐昱摄）

省市县乡四级设立河湖长30多万名，村级河湖长90多万名。每一条河流、每一个湖泊都有责任人管护。

习近平总书记指出，"要从生态系统整体性和流域系统性出发，追根溯源、系统治疗""上下游、干支流、左右岸统筹谋划，共同抓好大保护，协同推进大治理"。

流域性是江河湖泊最根本、最鲜明的特性，决定了治水管水必须坚持流域系统观念，遵循自然规律。全面推行河湖长制，尊重江河湖泊自然属性，有利于贯彻全局"一盘棋"思想，流域统筹、区域协同、部门联动，以先进制度汇聚各方力量。

7月12日，长江流域省级河湖长第一次联席会议召开；7月21日，淮河流域省级河湖长第一次联席会议召开；8月2日，黄河流域省级河湖长联席会议召开……这一重大制度创新，正在破解我国新老水问题。

金秋时节，北京市密云区石城镇捧河岩村，郭义军正在抓紧时间完成巡河任务。白河流过捧河岩村就汇入密云水库，是"净水入库"最后一道关口。对于这个任务，郭义军丝毫不敢放松。

"无论多忙，我都会坚持每天进行一次巡河。"郭义军是捧河岩村党支部书记，也是一名村级河长。巡查时，他早上六点多起床，开车或徒步，反复巡查自己负责的9.8

公里河道。流经村里的这段河流由劣转优,离不开"村支书管河道"。

党政主要领导上岗,江河湖泊大变样。

白河不再"垃圾漂浮"、凉水河从"臭水河"化身"净水河"、亮马河畔兴建起大批亲水设施……如今,首都北京平均每10公里河段有11名护河人员,每一条河流旁都竖立起了"河长信息公示牌",公示着四级河湖长信息与值班电话。

在河湖长制的积极作用下,各地因地制宜,对症下药,精准施策,重拳治理河湖乱象,依法管控河湖空间,严格保护水资源,加快修复水生态,大力治理水污染,河湖面貌发生了历史性改变,越来越多的河流恢复生命,越来越多的流域重现生机。

5年多来的实践证明,全面推行河湖长制符合国情水情,是江河保护治理领域根本性、开创性的重大政策举措,具有强大制度生命力。

全国一盘棋，绘就水网建设"世纪画卷"

初秋的北京，碧空如洗。卢沟桥下，晓月湖波光潋滟，栈道绿植，犹如画卷。

"先有永定河，再有北京城。"作为北京的母亲河，断流已久的永定河在新时代迎来新生。

2016年，国家发展改革委、水利部与原国家林业局制定永定河综合治理与生态修复总体方案。2019年至2021年，永定河成功实施四次大流量生态补水。

引黄河水、南水北调水，2022年永定河865公里河道全线通水并最终入海。

跨流域、跨区域引水调水，京津冀晋、黄淮海一盘棋，绿水青山可作证。

"远看通州城啊，好大一条船啊，高高燃灯塔呀，是条

◀ | 中国特色社会主义制度优势述评

大桅杆……开船喽!"在位于大运河京冀交界处的杨洼船闸,一曲"运河号子"再现古代运河漕运景象。6月24日上午,来自北京市通州区、河北省廊坊市香河县的船只相向缓缓驶过杨洼船闸,大运河京冀通航,千年运河再焕生机。

习近平总书记指出,党的十八大以来,党中央统筹推进水灾害防治、水资源节约、水生态保护修复、水环境治理,

★ 2022年10月4日,在北京首钢园附近拍摄的永定河。(新华社记者张晨霖摄)

建成了一批跨流域跨区域重大引调水工程。

8月25日,南水北调中线穿黄工程完工验收,南水北调东、中线一期工程155个设计单元工程全部验收,全线正式运行。

"南水北调东、中线一期工程通水以来,运行安全平稳,水质持续达标,累计调水超过560亿立方米,受益人口超过1.5亿,经济、社会和生态效益显著,发挥了国家水网主骨架

和大动脉作用。"水利部副部长刘伟平说。

长江水复苏了华北河湖，为地下水超采治理提供了保证，促进了产业升级，人民群众获得感、幸福感、安全感显著提升。

9月6日，世界单跨最大的通水通航钢渡槽——引江济淮工程淠河总干渠钢结构渡槽首次通航。淠河总干渠与引江济淮渠道形成"河上有河船上有船"的水上立交奇观。

作为继三峡工程、南水北调之后又一标志性重大工程，引江济淮工程年底前试通水试通航后，将惠及皖北豫东5000多万人口并形成平行于京杭大运河的中国第二条南北水运大通道。

★ 2021年5月24日，在河北省石家庄市正定县以北的于家庄村附近，南水北调中线干渠与高铁、公路交织（无人机照片）。（新华社记者才扬摄）

党的十八大以来，南水北调东、中线一期工程建成通水，开工建设南水北调中线后续工程引江补汉工程和滇中引水、引江济淮、珠三角水资源配置等重大引调水工程，全国水利工程供水能力从2012年的7000亿立方米提高到2021年的8900亿立方米。

"系统完备、安全可靠，集约高效、绿色智能，循环通畅、调控有序"的国家水网正在加快构建。

"水网建设起来，会是中华民族在治水历程中又一个世纪画卷，会载入千秋史册。"2021年5月，习近平总书记在推进南水北调后续工程高质量发展座谈会上强调。

2022年4月26日，习近平总书记主持召开中央财经委员会第十一次会议，会议强调加快构建国家水网主骨架和大动脉。

立足流域整体和水资源空间均衡配置，建设跨流域、跨区域水资源优化配置体系——建设国家水网，是解决我国水资源时空分布不均问题的根本举措，是全国一盘棋制度优势的生动写照。

今年以来，重大水利工程建设不断刷新"进度条"，国家水网加快构建。截至7月底，新开工重大水利工程25项，在建水利项目达到3.18万个，投资规模达1.7万亿元；完成水利建设投资5675亿元，较去年同期增加71.4%。

对于跨流域调水，习近平总书记强调重视节水治污，坚持先节水后调水、先治污后通水、先环保后用水。精确精准调水，细化制定水量分配方案，加强从水源到用户的精准调度。这些经验，要在后续工程规划建设过程中运用好。

"大调水、大浪费、大污染"必须绝对避免。

十年来，按坚持"节水优先"方针，我国实施国家节水行动，推动用水方式由粗放低效向集约节约转变。2021年，我国万元GDP用水量、万元工业增加值用水量较2012年分别下降45%和55%。

十年来，我国用水总量基本保持平稳，以占全球6%的淡水资源养育了世界近20%的人口，创造了世界18%以上的经济总量。

依法治水,为中华民族永续发展打造法治保障

"让我们共同关注这个审议的结果!"9月28日生态环境部例行新闻发布会透露,10月下旬全国人大常委会有望对黄河保护法进行三审。这是继长江保护法之后,又一部流域法律。

习近平总书记指出:"要进一步推进党的领导入法入规,善于使党的主张通过法定程序成为国家意志、转化为法律法规,推进党的领导制度化、法治化、规范化。"

长江保护法立法是习近平总书记亲自部署和推动的重大立法任务。

2016年,中央印发《长江经济带发展规划纲要》,明确提出制定长江保护法。

2021年3月1日，我国第一部流域的专门法律长江保护法正式实施。

这部法律，全国人大常委会用一年时间完成起草，又用一年时间进行3次审议，2次向社会公布草案全文征求意见建议，于2020年12月表决通过。

长江保护法把习近平总书记关于长江保护的重要指示要求和党中央重大决策部署转化为国家意志和全社会的行为准则，为母亲河永葆生机活力、中华民族永续发展提供了法治保障，体现了我国政治制度和法治体系的显著优越性。

法治兴则民族兴，法治强则国家强。中华民族母亲河保护立法，为其他流域依法治理开创了新模式，闪耀着全民共建共治共享理念，深刻彰显社会主义国家集中力量办大事的优势。

长江保护法施行一年来，江苏省法院共审结涉长江流域环境资源类案件1804件。其中审结涉长江流域环境资源刑事案件1109件，判处罚金2258万元，对1767人判处实刑。

长江保护法提出构建流域生态保护补偿机制，有效协调地方与地方、上中下游之间及其内部的利益，这是先富起来的中下游地区对上游后富地区的生态回馈帮扶，展现共同富裕的价值理念，体现社会主义制度无可比拟的优越性。

在以习近平同志为核心的党中央坚强领导下，新时代大江大河治理革故鼎新、攻坚克难，将为人民群众建设幸福河湖，为民族永续发展打造坚实基础。

（新华社北京2022年10月10日电　新华社记者王立彬、陈尚营、潘晔、田晨旭）

下好全国发展的一盘棋

——从实施区域协调发展战略看中国特色社会主义制度优势

打开中国地图,960万平方公里的广袤大地上,京津冀、长三角、粤港澳大湾区高质量发展动力源作用日益增强,长江、黄河两条母亲河走上生态优先、绿色发展的道路,东西部发展差距持续缩小、重要功能区关键作用更加凸显……

党的十八大以来,习近平总书记高瞻远瞩、统揽全局,不断丰富完善区域协调发展的新理念新思想新战略,推动形成优势互补、高质量发展的区域经济布局,引领我国区域协调发展取得历史性成就、发生历史性变革。

新时代促进区域协调发展的成功实践,凸显习近平新时代中国特色社会主义思想的真理之光,彰显中国特色社会主义制度的强大优势和充沛活力。

全局谋划顶层设计

2022年7月25日，中国矿产资源集团有限公司正式揭牌，成为又一家注册落户河北雄安新区的中央企业。

中国星网、中国中化、中国华能等3家央企总部启动建设，首批非首都功能疏解的高校、医院基本确定选址，一批符合新区功能定位的市场化疏解项目落地建设……

★ 图为2022年9月7日建设中的中国卫星网络集团有限公司（简称中国星网）雄安新区总部大楼（无人机照片）。（新华社记者邢广利摄）

北京向南100多公里,当代中国共产党人正在一张白纸上规划缔造一座未来之城——承载"千年大计、国家大事"使命的雄安新区。

外媒评价说,中国按照高标准高质量的要求规划建设河北雄安新区和北京城市副中心,力图让京津冀协同发展成为缩小区域间经济差距的标杆。

我国幅员辽阔、人口众多,各地区自然资源禀赋差别之大世界罕见。如何充分发挥社会主义制度优势,促进区域协调发展,是我国迈向现代化进程中必须要解决好的重大课题。

党的十八大以来,以习近平同志为核心的党中央立足我国区域发展新形势,着眼全国"一盘棋",以深化区域协调

★ 图为2021年7月1日京雄城际铁路雄安站(无人机照片)。(新华社记者牟宇摄)

发展经略发展大格局——

习近平总书记亲自谋划、亲自部署、亲自推动京津冀协同发展、长江经济带发展、粤港澳大湾区建设、长江三角洲区域一体化发展、黄河流域生态保护和高质量发展等区域重大战略，部署进一步完善支持西部大开发、东北振兴、中部崛起、东部率先发展的政策体系，确立了基本公共服务均等化、基础设施通达程度比较均衡、人民基本生活保障水平大体相当的区域协调发展目标。

★ 2019年8月7日，港珠澳大桥海上日出（无人机照片）。（新华社发）

"立足于解决发展不平衡不充分问题,将区域、城乡、陆海等不同类型、不同功能的区域纳入国家战略层面统筹规划、整体部署。"中国国际经济交流中心副理事长王一鸣说。

从全局谋划区域,以区域服务全局。

"不能简单要求各地区在经济发展上达到同一水平,而是要根据各地区的条件,走合理分工、优化发展的路子""不平衡是普遍的,要在发展中促进相对平衡。这是区域协调发展的辩证法",习近平总书记为新形势下促进区域协调发展指明方向。

尊重客观规律,产业和人口向优势区域集中,形成以京津冀、长三角、粤港澳大湾区等城市群为主要形态的增长动力源。

发挥比较优势,经济发展条件好的地区承载更多产业和人口,发挥价值创造作用;生态功能强的地区要得到有效保护,创造更多生态产品;增强边疆地区发展能力,使之有一定的人口和经济支撑,以促进民族团结和边疆稳定。

专家观点

必须坚持和加强党的全面领导,坚定不移贯彻落实党中央大政方针和决策部署,这为区域发展工作提供坚强政治保证和组织保障。

——国家发展改革委地区司司长肖渭明

完善空间治理，按照主体功能定位划分政策单元，对重点开发地区、生态脆弱地区、能源资源地区等制定差异化政策，分类精准施策。

蓝图擘画，还要有效机制确保落实。

围绕区域重大战略，中央层面成立领导小组统筹指导，党中央、国务院印发纲领性文件为战略实施提供根本遵循，中央财政加大资金支持力度，在相关部门设立领导小组办公室承担日常工作，各地政府成立相应机构推动落实……

"必须坚持和加强党的全面领导，坚定不移贯彻落实党中央大政方针和决策部署，这为区域发展工作提供坚强政治保证和组织保障。"国家发展改革委地区司司长肖渭明说。

发挥比较优势形成发展合力

8月17日,2022年度长三角地区主要领导座谈会在上海落幕。会议传递出明确信号:紧扣"一体化"和"高质量",约占全国经济总量四分之一的长三角地区,下半年要为全国稳住经济大盘作出积极贡献。

这是沪苏浙皖四地自2018年以来连续第五年召开座谈会,围绕长三角一体化发展进行深度探讨。

今年上半年,上海集成电路、生物医药、人工智能等三大先导产业实现正增长;安徽、浙江规模以上工业增加值同比分别增长5.6%、5.5%;江苏省外贸进出口规模创历史同期新高……尽管受到疫情影响,三省一市以一体化发展的确定性对冲外部环境的不确定性,主要经济指标持续回稳向好。

"'一体化'不是'一样化',关键是发挥三省一市比

★ 图为2020年5月28日江苏省苏州市吴江区政务服务中心长三角"一网通办"服务窗口。(新华社记者李博摄)

较优势,增加区域综合实力,激活整体活力,增强主体竞争力和共同抵御风险的能力。"中国宏观经济研究院副院长吴晓华说。

中国特色社会主义制度是当代中国发展进步的根本制度保障,是具有鲜明中国特色、明显制度优势、强大自我完善能力的先进制度。

以制度聚力,优化区域互助格局,统筹发达地区和欠发达地区发展——

电视剧《山海情》中,小小的双孢菇远销外地,助力闽宁镇村民走上致富路。现实中,双孢菇已经从村民家的小作坊搬到了智能化厂房，一批批福建企业在闽宁协作机制引领下扎根宁夏西海固，成为区域协调发展的生动注脚。

补齐短板、缩小差距，是"协调"二字题中应有之义。

提供援助资金、选派挂职干部和专业技术人才、发展"飞地经济"……深化东西部协作和对口支援，深化东北与东部地区对口合作，完善对革命老区、边疆地区、生态退化地区、资源型地区和老工业基地等精准支持政策，促进发达地区和欠发达地区更好共同发展。

以制度聚力，构建高质量发展的区域经济布局和国土空间支撑体系——

"区域重大战略的提出体现了实践先行、与时俱进的理论提升和现实需求，为构建新发展格局提供了新的战略视角和支撑，为落实新发展理念、推动高质量发展构建了新的空间格局和功能板块。"中国城市和小城镇改革发展中心主任高国力说。

打造创新动力源，京津冀、长三角、粤港澳大湾区创新要素加快集聚，国家技术创新中心和重大科技基础设施围绕区域重大战略布局落子；

共抓大保护、不搞大开发，破题长江经济带发展、黄河流域生态保护和高质量发展，为国家的"江河战略"确立生态优先、绿色发展的鲜明定位；

★ 图为2021年11月20日在武汉中国光谷科技会展中心拍摄的"5G+工业互联网成果展"现场。（新华社发 伍志尊摄）

布局海南自由贸易港、打通向西开放大通道、打造对外开放新高地，由点及线到面，支撑新发展格局加快构建；

……

创新、协调、绿色、开放、共享，以新发展理念指引区域协调发展战略实施，彰显制度文明的自觉与自信。

中国特色社会主义制度优势述评

打破利益藩篱释放治理效能

新安江江畔秋高气爽，安徽省黄山市歙县深渡镇码头开始热闹起来。众多游客慕名而来，从这里泛舟顺流而下，入浙江省千岛湖登岸，欣赏沿江山水。

发源于安徽省黄山市的新安江，是浙江省最大的入境河流，也是皖浙乃至长三角地区重要的生态屏障。

回首过往，深渡镇大茂社区党总支书记姚顺武感慨万千："江面有垃圾，岸边有化工厂，水质不堪回首。"

新安江的巨变，姚顺武是见证者，也是参与者。

2012年，皖浙两省在新安江启动全国首个跨省流域生态补偿机制试点，按照"谁受益谁补偿、谁保护谁受偿"原则，建立补偿标准体系。两省约定，年度水质达标，浙江对安徽进行补偿，反之安徽对浙江进行补偿。

建立流域上下游互访协商机制、构建财政支持生态保护长效机制……10年间3轮改革试点，以体制机制建设为保障，皖浙两省走出了一条"上游主动强化保护、下游支持上游发展"的互利共赢之路。

"我们改造茶叶基地，通过禁用农药提升品质，同时发展农产品加工业。"姚顺武说，当地还发展乡村旅游，仅大茂社区就有40多家民宿农家乐。

如今的新安江成为名副其实的"心安之江"，连续9年达到补偿考核要求，每年向千岛湖输送60多亿立方米洁净水，千岛湖水质稳定保持为优。

大江大河由于行政管理分割，一直是治理难题。新安江的绿色转型之路，彰显了中国特色社会主义制度通过改革创新不断自我完善、自我修复的强大优势。

出台建立长江、黄河全流域横向补偿机制的实施方案，制定洞庭湖、鄱阳湖、太湖流域生态保护补偿的指导意见，各地积极探索共建立13个跨省份流域生态保护补偿机制……区域间生态保护补偿的合作网络织密织牢。

党的十八大以来，我国以完善产权制度和要素市场化配置为重点，持续破除地区间的利益藩篱和政策壁垒，促进人口、土地、资金、技术等各类要素合理流动和高效集聚，把制度优势更好转化为发展效能。

★ 图为2022年7月29日海南自由贸易港全岛封关运作建设项目第一批项目集中开工仪式现场（无人机照片）。（新华社记者郭程摄）

"一张蓝图管全域""一个标准管准入"，标准、监测、执法"三统一"……横跨沪苏浙三地的长三角生态绿色一体化发展示范区聚焦集中化、集成化、高强度改革试验，一系列制度创新成果加速复制推广；

海南自由贸易港围绕贸易、投资、跨境资金流动、人员进出、运输来往自由便利以及数据安全有序流动深化改革探索，近两年新增市场主体超过100万户；

加快建设全国统一大市场、启动实施基本养老保险全国统筹、改革土地管理制度、完善能源消费双控制度、完善财政转移支付制度……改革从多方面入手健全区域协调发展新机制，破除障碍顽疾。

在以习近平同志为核心的党中央坚强领导下，充分发挥社会主义制度的独特优势，深入实施区域协调发展战略，必将能实现各区域更高质量、更有效率、更加公平、更可持续发展，为加快构建新发展格局、推进高质量发展注入源源动力。

（新华社北京 2022 年 10 月 12 日电　新华社记者安蓓、谢希瑶、姜刚、刘红霞、郭宇靖）

将和谐稳定创建在基层

—— 从基层治理创新看中国特色社会主义制度优势

"我们既要坚持好、巩固好经过长期实践检验的我国国家制度和国家治理体系，又要完善好、发展好我国国家制度和国家治理体系，不断把我国制度优势更好转化为国家治理效能。"2019年10月31日，习近平总书记在党的十九届四中全会第二次全体会议上指出。

国之兴衰系于制，民之安乐皆由治。党的十八大以来，以习近平同志为核心的党中央作出一系列重大部署，完善共建共治共享的社会治理制度，建设人人有责、人人尽责、人人享有的社会治理共同体，努力促进人的全面发展和社会全面进步。

实践证明：始终代表最广大人民根本利益，保证人民当家作主，体现人民共同意志，维护人民合法权益，是我国国家制度和国家治理体系的本质属性，也是我国国家制度和国家治理体系有效运行、充满活力的根本所在。

把党的全面领导贯穿到基层治理全过程

2022年国庆假期的第一天，湖北省武汉市东湖新城社区照例又热闹了起来。

近处，裙袖翻飞，居民随着音乐欢快起舞；远处，欢声笑语，孩子们在社区广场嬉戏玩耍。小区的居民三五成群，或闲谈散步，或锻炼身体，脸上洋溢着幸福的笑容。

"党员干部常态化下沉服务社区制度给社区各项治理工作带来了强有力的支撑，社区治理力量进一步加强，现在社区面貌日新月异，居民拥有了更多获得感、幸福感和安全感。"网格员杨铭新说。

社区治理得好不好，关键在基层党组织、在广大党员。

时间回拨到2年前，习近平总书记回信勉励武汉东湖新城社区全体社区工作者时指出，"抓细抓实疫情防控各项工

★ 2021年3月31日,武汉东湖新城社区志愿者在社区巡逻。(新华社记者肖艺九摄)

作,用心用情为群众服务"。

党旗在基层一线高高飘扬。2020年抗疫期间,武汉市组织全市5.5万名党员干部紧急下沉支援社区,增援正在进行的新冠疫情排查"街垒战"。通过加强小区党建,统筹各方资源力量,守严守牢疫情防控的关键阵地。

"通过党员来引领基层群众,在围绕社区服务、社会治理方面,大家群策群力、积极参与,老百姓的幸福感、获得感和参与社区治理的踊跃度有很大提升。"东湖新城社区党委书记陶久娣说。

两年多来,在基层党建的引领下,161名党员常态化下沉东湖新城社区，老东湖巡逻队、"谢小玉"志愿服务队、阳光屋综合服务中心、抗疫先锋队等一系列志愿团体相继涌现，灾害应急、消防应急、物资保障应急、公共卫生应急等多支小分队接连成立，服务居民的力量更强。

随着疫情防控转入常态化，武汉认真总结疫情防控经验，将党建引领小区治理的探索创新逐步推广，形成基层治理的有效实践。

国家长治久安、人民安居乐业，办好中国的事情，关键在党。

2020年9月17日，习近平总书记在基层代表座谈会上强调，基础不牢，地动山摇。只有把基层党组织建设强、把基层政权巩固好，中国特色社会主义的根基才能稳固。

《中国共产党农村基层组织工作条例》《中共中央 国务院关于建立健全城乡融合发展体制机制和政策体系的意见》《中国共产党农村工作条例》等相继出台，全面推行党组织书记、村（居）委会主任"一肩挑"成为共识，持续提升基层党组织的组织力。

建好"桥头堡"，党的组织覆盖和工作覆盖持续扩大。

走在干净整洁的街道上，处处可见千花竞艳、百草葳蕤；步入小区、商铺，一派窗明几净、欢声笑语……

在内蒙古鄂尔多斯市康巴什区康城社区，一根"红纽带"

织就一张"为民网"。

——纵向上形成"社区党总支—网格党支部—党员楼栋长—共产党员户"四级网格组织体系；

——横向上以社区党总支为统领，建立"联合党委"，吸纳区域内外13家党组织抱团共建。

纵到底横到边的"组织堡垒"打通影响基层治理效率的痛点堵点，实现服务精准投送、治理精准落地。

基层治理千头万绪，如何在千头万绪中下好"绣花功夫"？

只有把党的全面领导贯穿到基层治理全过程各方面，不断拓展党的组织覆盖和工作覆盖，才能构筑好基层社会治理"桥头堡"，打通每一个"神经末梢"，使政治方向不偏离，资源能力有保障，不断把基层党组织的政治优势、组织优势转化为治理效能。

共建共治共享,将以人民为中心作为根本立场

2005年12月成立的湖南长沙市芙蓉区东湖街道龙马社区具有区域大、片区多、单位多、企业多等特点。

"小社区"如何撬动"大单位"?近年来,龙马社区发动辖区单位联合成立"党建联盟",建立了资源清单、需求清单、共建清单等"三张清单",实施"群众点单、支部制单、党建联盟成员接单、群众评单"的互动服务模式,构建起共建共治共享的治理格局。

"买菜难"的问题曾经一度困扰着龙马社区的居民。针对居民反映的问题,龙马社区党支部发挥"党建联盟"作用,联合湖南省农科院共同商议改造方案,在双方共同努力下,完成了社区内老旧农贸市场的提质改造。

走进位于社区内的农科院生鲜市场，通透敞亮、干净整洁的市场内，店铺整齐排列，格外热闹，与之前年久失修、设施条件差、顾客稀少的场景形成强烈的反差。

共同参与、群策群力，"集各方之智、聚各界之力"让社会治理的活力竞相迸发。党的十九届四中全会提出，建设人人有责、人人尽责、人人享有的社会治理共同体。

浙江省衢州市柯城区荷花街道新荷社区，处处井然有序：小区主通道上张贴着内容全面的"红色物业明白墙"；每个楼道口都能看到各具特色的"网格公约"……

作为老旧房扎堆的社区，新荷社区曾经也饱受"垃圾没

★ 2022年6月23日，杭州市临安区锦南街道的消防安全员（右一）在社区微型消防站给该片区的网格员进行消防器材使用培训。（新华社记者徐昱摄）

★ 2019年11月13日，在位于北京亦庄的12345市民热线话务大厅，工作人员接听热线电话。（新华社记者彭子洋摄）

人清理、绿地成了菜园子"等问题困扰。"社区、物业、业委会和业主四方，各有各的委屈，各有各的诉求。"社区住户章女士说。

如今，通过建立"红色物业联盟"，新荷社区把业委会、物业公司、小区业主等多元主体统领起来，利用联席会议等载体，合力解决小区管理中的难点问题。

紧紧依靠人民、一切为了人民，共建共治共享的社会治理制度把社会治理变成亿万人民参与的生动实践，让人民群众成为社会治理的最广参与者、最大受益者、最终评判者。

2020年1月7日，北京大兴居民李先生反映自己居住的小区门口高峰时段经常堵车，希望在此处增设一处红绿灯。

1月9日，他得到大兴交通支队回复："经研究，将此处纳入人行横道信号灯安装计划，预计5月31日前安装完毕。"

人民群众的一件件小事就是民生大事，积极主动发现问题、解决问题就是为老百姓干实事。北京探索出一条基层治理的新路径，"接诉即办"与"吹哨报到"联合打通了城市基层治理的"最后一公里"，政府服务在互联网时代提速，凸显新时代新气象。

共建的力量来自人民，共治的智慧出自人民，共享的成果为了人民。这项建议的采纳是共建共治共享的社会治理制度优势所在的生动写照。

当前，党委领导、政府负责、民主协商、社会协同、公众参与、法治保障、科技支撑的社会治理体系已经形成，人人有责、人人尽责、人人享有的社会治理共同体不断彰显"中国之治"新优势。

◂ | 中国特色社会主义制度优势述评

众人的事情由众人商量，汇聚起广大人民群众的磅礴力量

"这次的治理方案，我们的诉求得到了充分的表达，也真正起到了作用，现在我们小区停车有序，环境变得更好了，居民之间也和谐了许多，住在这里越来越舒心了。"看着小区的变化，河北省邢台市襄都区左岸春天小区居民高海军兴奋不已。

近日，在左岸春天小区，业主代表、社区工作人员和物业共同商议解决了小区长久以来困扰居民的乱停车和停车难的问题。

"通过协商议事这种形式，让群众沟通有渠道、参与有平台，听民声、聚民智、解民忧，社区治理更符合居民的诉求，让群众成为社区治理真正的参与者和受益者。"邢台市顺德

★ 2020年6月19日,江苏省张家港市永联村永全社区的居民代表在村议事厅民主协议社区环境整治问题。(新华社记者杨磊摄)

北社区党委书记李小倩说。

有事好商量,众人的事情由众人商量,是人民民主的真谛。如今,普遍建立的"有事好商量"机制,让百姓将心声"一吐为快",助民生"关键小事"好商量、快解决。

"不到3小时,就解决了居民的4件烦心事儿。"湖北省十堰市郧阳区青龙泉社区居民党景芝说,"通过小小社情民意联络站,开展沟通恳谈会,老百姓对社区治理各方面的诉求,有了解决平台。"

成为一家人,共下一盘棋。这个易地扶贫搬迁安置社区,立足群众生产生活现实需要,突出抓好社区治理,带领广大搬迁群众安居乐业、幸福生活。

从各地"有事好商量"机制的建立,到新时代"枫桥经验"借助互联网搭建起干群交流平台,再到各地争相涌现的民情直通车、居民论坛、民主听证会、民主议政会……一项项运用民主协商的方式、找到全社会意愿和要求的"最大公约数",凝聚社会治理的最大共识,形成了社会治理的最大合力。

"枫桥经验"在传承中发展、在发展中创新,由基层社会治理的范本上升为党领导人民推进国家治理体系和治理能力现代化的一条基本经验。

★ 2021年10月19日,在浙江诸暨市枫桥镇一个新交付的小区内,诸暨市综合行政执法大队枫桥镇中队执法人员与红枫管家志愿者现场商讨小区统一装修规范。(新华社记者徐昱摄)

近年来，浙江省绍兴市诸暨市枫桥镇枫源村深入推进民主治村，创新发展"三上三下三公开"机制，从收集议题到方案制定，再到最后落实措施，充分尊重民意、吸收民意、表达民意，真正做到让群众共同参与、共同协商、共同决策。

把矛盾化解在基层，看似一件件小事，却是关乎群众利益和社会稳定的大事。秉持"矛盾不上交"理念，新时代"枫桥经验"在更多地方落地生根。

巷子可以窄，治理的路子要宽。成都市公安局青羊区分局黄瓦街派出所的辖区内，有知名的"网红打卡地"——宽窄巷子。然而，噪音、油烟扰民，曾是周边群众反映强烈的突出问题，派出所一天因这类问题接警十几次。

对此，由公安、城管、市场监管、社区、商家及居民代表发起成立"商居联盟"。大家通过建微信群、开每月例会、签订责任书等方式，实现自觉管理监督，这类警情大幅下降至每月 3 起左右。

（新华社北京 2022 年 10 月 13 日电　新华社记者刘奕湛、熊琦、李伟）

推动"中国之治"进入新境界

——党的十八大以来持续推进全面依法治国述评

"全面推进依法治国,是解决党和国家事业发展面临的一系列重大问题,解放和增强社会活力、促进社会公平正义、维护社会和谐稳定、确保党和国家长治久安的根本要求。"

党的十八大以来,以习近平同志为核心的党中央将全面依法治国纳入"四个全面"战略布局统筹推进。在习近平新时代中国特色社会主义思想的科学引领下,中国特色社会主义法治体系不断健全,法治中国建设迈出坚实步伐,法治固根本、稳预期、利长远的保障作用进一步发挥,党运用法治方式领导和治理国家的能力显著增强。

"全面依法治国是中国特色社会主义的本质要求和重要保障"

"任何公民享有宪法和法律规定的权利,同时必须履行宪法和法律规定的义务……"

2021年12月3日,山西农业大学太谷校区的大学生们在老师的带领下诵读《中华人民共和国宪法》条文,共同参与国家宪法日"宪法晨读"活动。每年的全国"宪法宣传周",全国各地开展形式多样、各具特色的宪法宣传活动推动学习宪法深入人心、落地生根。

时光回溯,党的十八大闭幕后不久,习近平总书记出席首都各界纪念现行宪法公布施行30周年大会并发表重要讲话,明确提出:"要更加注重发挥法治在国家治理和社会管理中的重要作用,全面推进依法治国,加快建设社会主义法治国家。"

★ 2020年8月20日，在天津市津南区海河故道公园民法典主题长廊，市民在讨论主题长廊展板上的法律案例。（新华社记者孙凡越摄）

为子孙万代计，为长远发展谋。党中央以前所未有的决心、举措和力度推进全面依法治国。

2014年10月，党的十八届四中全会开启大幕。"全面推进依法治国"，第一次镌刻在党的中央全会的历史坐标上。习近平法治思想，第一次系统、全面地展现在世人面前。党的十八届四中全会，在建设社会主义法治国家的征程上树起一座新的里程碑。

2020年11月，党的历史上首次召开的中央全面依法治国工作会议，将习近平法治思想明确为全面依法治国的指导思想，对当前和今后一个时期推进全面依法治国作出战略部署。

习近平法治思想，在新时代波澜壮阔的治国理政实践中应运而生，并在坚持和完善中国特色社会主义制度、推进国家治理体系和治理能力现代化进程中创新发展，日益成熟完备，为新时代全面依法治国、实现美好法治愿景提供根本遵循，注入不竭动力。

"通过！"

2020年5月28日，北京人民大会堂，在经久不息的掌声中《中华人民共和国民法典》诞生。

作为新中国成立以来第一部以"法典"命名的法律，被誉为"新时代人民权利宣言书"，是推进全面依法治国的重大标志性成果，对加快建设社会主义法治国家具有重大意义。

依法治国是党领导人民治理国家的基本方略，法治是治国理政的基本方式。改革发展稳定，内政外交国防，治党治国治军，无不以法治为依凭、用法治作保障、由法治来贯彻。

高举思想旗帜，推进伟大事业。以习近平同志为核心的党中央对法治中国建设作出顶层设计和重大部署。

2021年年初，中共中央印发《法治中国建设规划（2020—2025年）》。在这份新中国成立以来第一个关于法治中国建设的专门规划中，迈向社会主义法治国家的"路线图"清晰可见——

到2025年，党领导全面依法治国体制机制更加健全，以宪法为核心的中国特色社会主义法律体系更加完备……中国特色社会主义法治体系初步形成。

到2035年，法治国家、法治政府、法治社会基本建成，中国特色社会主义法治体系基本形成……国家治理体系和治理能力现代化基本实现。

《法治中国建设规划（2020-2025年）》与《法治政府建设实施纲要（2021-2025年）》《法治社会建设实施纲要（2020-2025年）》构建起法治中国建设的"四梁八柱"。

"一规划两纲要"，确立了"十四五"时期全面依法治国总蓝图、路线图、施工图，标志着新时代全面依法治国的总体格局基本形成。

制定出台《关于贯彻落实党的十八届四中全会决定进一步深化司法体制和社会体制改革的实施方案》，推动司法改革向着建设公正高效权威司法制度的宏伟目标扎实迈进；防止干预司法"三个规定"的印发，为领导干部、司法机关内部人员等干预司法增设"高压线"，司法机关依法独立公正行使职权制度保障愈加完善；依法治省（市、县）委员会全面设立，加强各地法治建设的组织领导、统筹协调……

十年来，以习近平同志为核心的党中央坚持顶层设计和法治实践相结合，不断提升法治促进国家治理体系和治理能力现代化的效能。

"建设中国特色社会主义法治体系，建设社会主义法治国家"

"看，小江豚游过来了。"

一到夏天，在湖北宜昌葛洲坝下游江段，成群的江豚开始活跃起来，"拖家带口"，逐浪嬉戏。

"微笑精灵"江豚的成群出现得益于长江生态的持续改善，伴随着长江保护法等一系列保护措施的严格实施，这一江段的江豚家族连年"添丁"。

制定长江保护法是习近平总书记亲自确定的重大立法任务。党的十八大以来，生态环保立法加快步伐，实现从量到质的全面提升，为生态环境治理提供强大助力。

法者，治之端也。习近平总书记指出，全面推进依法治国涉及很多方面，在实际工作中必须有一个总揽全局、牵引各方的总抓手,这个总抓手就是建设中国特色社会主义法治体系。

法律是治国之重器,良法是善治之前提。

从建立宪法宣誓制度,设立国家宪法日,到国歌法、国旗法、国徽法构成落实宪法规定的国家象征与标志重要制度;从通过新中国历史上首部民法典,到审议通过监察法、国家安全法、外商投资法等重要基础性法律……

党的十八大以来,截至2022年9月,全国人大及其常委会新制定法律70件,修改法律238件,通过有关法律问题和重大问题的决定99件,作出法律解释9件。迄今现行有效

★ 2020年4月22日,重庆市巫溪县检察院联合陕西省镇坪县检察院组成的跨区域联合行动小组在鸡心岭地区给辖区居民宣讲林业生态保护知识。(新华社记者黄伟摄)

★ 2019年8月30日，云南省怒江傈僳族自治州贡山县人民法院法官邓兴背着国徽与同事们跨过怒江。为方便居住在高山峡谷里的农村群众，邓兴和同事们一起背着国徽，组建巡回法庭。每年足迹遍及50多个村镇，行程近万公里。（新华社记者江文耀摄）

法律共293件，中国特色社会主义法律体系日臻完善。

公平正义，国之基址。推进全面依法治国必须坚持公正司法。

习近平总书记明确指出，要依法公正对待人民群众的诉求，努力让人民群众在每一个司法案件中都能感受到公平正义，决不能让不公正的审判伤害人民群众感情、损害人民群众权益。

"原审被告人聂树斌无罪！"

2016年12月2日，最高人民法院第二巡回法庭，历时21年的聂树斌案沉冤昭雪。党的十八大以来，司法机关坚持

★ 2021年8月7日，青海省果洛藏族自治州班玛县人民法院工作人员在解答当地牧民群众的法律咨询。班玛县地处高原，山大沟深，群众居住分散。近年来，班玛县人民法院深入各乡镇，将巡回法庭搬到森林、草原，在牧民家门口提供诉讼服务，还通过以案说法、模拟法庭等形式，开展法律咨询、法治宣传。（新华社记者张龙摄）

实事求是、有错必纠，聂树斌案、呼格吉勒图案、张玉环案等刑事冤错案件得到依法纠正。

问题出在哪里，改革就指向哪里。

司法体制改革紧紧牵住司法责任制这个"牛鼻子"，"让审理者裁判、由裁判者负责"的体制机制更加完善，推进以审判为中心的诉讼制度改革，建立健全错案发现、纠正、防范和责任追究机制，司法机关面貌一新，司法公信力、审判质效显著提升。

最高人民法院巡回法庭实现管辖范围全覆盖，被群众称为"家门口的最高人民法院";全面建成运行审判流程公开、庭审活动公开、裁判文书公开、执行信息公开四大平台,让公众知情权有更多的实现渠道;加强新时代检察机关法律监督,推动履行"四大检察"职能……

改革举措环环相扣,步伐进一步加大、力度进一步加强,守护好公平正义的最后一道防线。法治建设从法律体系向囊括立法、执法、司法、守法各环节的法治体系全面提升。

"不断增强人民群众获得感幸福感安全感"

习近平总书记指出："要把体现人民利益、反映人民愿望、维护人民权益、增进人民福祉落实到全面依法治国各领域全过程。"

一切为了人民，这是法治中国的目标指引。

党的十八大以来，以习近平同志为核心的党中央坚持以人民为中心，用法治维护人民权益，保障人民获得感幸福感安全感，凝聚起全体人民的法治信仰。

2021年10月的一天，在上海工作生活多年的黄慧欣喜万分。在上海市公安局长宁分局江苏路派出所，她为户籍在外地的孩子申领到一张身份证。

上海推出的"跨省通办"项目，为长三角区域内户籍居民异地工作、学习、生活提供了更加便利的服务。

★ 2019年8月26日，在福州市市民服务中心公安交管便民服务窗口，汽车租赁企业代表在办理业务。（新华社记者宋为伟摄）

法治为经济社会发展赋能，推动"中国之治"迈向更高水平。

全面清理"奇葩证明"为群众减负，严格规范执法让权力不再"任性"，落实重大行政决策程序、加强行政决策执行与评估……法治政府建设换挡提速，依法行政成为各级政府鲜明印记。

曾经，"门难进""事难办"，老百姓对司法机关望而却步怎么办？习近平总书记明确指出："要坚持司法为民，改进司法工作作风，通过热情服务，切实解决好老百姓打官司难问题，特别是要加大对困难群众维护合法权益的法律援助。"

聚焦老百姓的"急难愁盼",一项项司法改革举措直击靶心。

立案登记制改革破解群众"立案难",截至今年6月,全国法院累计登记立案13837.17万件,平均当场立案率达到95.7%。2017年7月至2022年6月底,全国检察机关共立案公益诉讼案件67万余件。

人民法院宣告"基本解决执行难",依法保障胜诉当事人及时实现权益;检察机关公益诉讼更好保护社会公共利益,守护人民美好生活;公安机关严格规范公正文明执法,提升执法公信力迈出新步伐;健全完善"人人可享"的现代公共法律服务体系,推进法律服务均等化、多元化、专业化发

★ 2018年12月3日,安徽省合肥市经开区明珠居委会法律援助律师在给明珠小学的学生们讲解宪法知识。(新华社记者郭晨摄)

★ 2020年12月4日，河北衡水市人民检察院检察官助理刘学敏在衡水中学为学生们讲解宪法知识。（新华社记者王民摄）

展……党的十八大以来，司法执法机关立行立改，不断增强人民群众对法律的信仰、对法治的信心。

深入推进"放管服"改革，推动各地方各部门清理证明事项2.1万多项，有效解决了"奇葩证明""重复证明"等问题。

全面实行"谁执法谁普法"普法责任制，建立健全国家工作人员学法用法制度，制定青少年法治教育大纲，实施农村"法律明白人"培养工程，"七五"普法顺利完成，公民法治素养明显提升。

……

法治兴则民族兴,法治强则国家强。

在以习近平同志为核心的党中央坚强领导下,法治中国、法治政府、法治社会一体建设持续推进,中国特色社会主义法治道路越走越宽广。

(新华社北京2022年9月18日电 新华社记者刘奕湛)

"让我们的制度成熟而持久"

——"十个明确"彰显马克思主义中国化新飞跃述评

坚持和发展中国特色社会主义，是改革开放以来党的全部理论和实践的主题。中国特色社会主义制度是当代中国发展进步的根本保证。

《中共中央关于党的百年奋斗重大成就和历史经验的决议》，用"十个明确"概括了习近平新时代中国特色社会主义思想的核心内涵，其中一个是——"明确全面深化改革总目标是完善和发展中国特色社会主义制度、推进国家治理体系和治理能力现代化"。

这一重大论断，植根于新时代中国特色社会主义伟大实践，彰显出我们党对共产党执政规律、社会主义建设规律、人类社会发展规律的认识达到新的高度。党的十八大以来，以习近平同志为核心的党中央团结带领全党全国各族人民，不断挥写完善和发展"中国之制"新画卷，开辟"中国之治"新境界。

"制度优势是一个国家的最大优势"

北京中轴线往北，巍然矗立的中国共产党历史展览馆成为一座红色新地标，参观者络绎不绝。

人民代表大会制度、中国共产党领导的多党合作和政治协商制度、民族区域自治制度、基层群众自治制度……置身展馆，一块块展板、一件件展品，清晰勾勒出中国发展稳定奇迹背后的"制度密码"。

"制度优势是一个国家的最大优势，制度竞争是国家间最根本的竞争。"习近平总书记深刻揭示。

回望历史，建立什么样的国家制度，是近代以来中国面临的重大课题。中国共产党人立志为中国人民谋幸福、为中华民族谋复兴，对"善制"的追求始终不渝。

1957年，毛泽东同志言语谆谆："我国的社会主义制度还刚刚建立，还没有完全建成，还不完全巩固。"

1992年，邓小平同志作出重大判断："恐怕再有三十年的时间，我们才会在各方面形成一整套更加成熟、更加定型的制度。"

当历史的时针指向新时代，我国社会主要矛盾转化，各类风险挑战交错叠加，更多"发展起来以后的问题"亟待破解。

新形势下，如何用好改革之力，完善制度设计？习近平总书记谋深虑远。

2012年12月，当选党的总书记后第一次赴地方考察调研，习近平就来到改革开放前沿广东，发出"改革不停顿、开放不止步"的动员令。

新时代，以习近平同志为核心的党中央将改革开放事业引向更加壮阔的航程，作答好国家治理体系和治理能力现代化这一重大命题。

是致敬，更是新起点上再出发——

2013年11月，中国共产党历史上又一个划时代的三中全会——十八届三中全会召开，全会审议通过了《中共中央关于全面深化改革若干重大问题的决定》。

改革目标认识深化：完善和发展中国特色社会主义制度，推进国家治理体系和治理能力现代化。

改革力度前所未有：336项改革涵盖方方面面，打破利益的藩篱，促进各项制度机制更加成熟定型。

"我们说坚定制度自信，不是要固步自封，而是要不断革除体制机制弊端，让我们的制度成熟而持久。"习近平总书记的话语坚定有力。

不是某个领域某个方面的单兵突进、修修补补，而是更加注重各领域各方面改革的协同配合，更加强调各项制度举措的系统集成……

党的十八届三中全会从党和国家事业发展全局的高度，对全面深化改革进行顶层设计，提出全面深化改革的总体方案、路线图、时间表，对进一步完善和发展各项制度作出战略安排。

时隔不到一年，党的十八届四中全会召开，对全面依法治国作出明确部署。法治与改革如鸟之两翼、车之双轮，推动制度建设更加蹄疾步稳。

既有"破"的魄力，更有"立"的担当。

2019年10月，习近平总书记引领"中国之治"，再次写下浓墨重彩的篇章——

党的十九届四中全会专门研究坚持和完善中国特色社会主义制度、推进国家治理体系和治理能力现代化并作出决定。

党的领导制度体系、人民当家作主制度体系、中国特色社会主义法治体系、中国特色社会主义行政体制、社会主义基本经济制度……13个方面制度体系，系统描绘了中国特色社会主义的制度图谱，奠定"中国之治"的制度基石。

一路风雷激荡，一路凯歌嘹亮。在全面深化改革大潮中，习近平总书记带领全党突出制度建设这条主线，既向积存多年的顽瘴痼疾开刀，不断破除利益固化的藩篱，又对成熟的改革成果和改革经验及时进行总结提升，并用法律法规等形式固定下来，推动许多领域实现了历史性变革、系统性重塑、整体性重构。

9年多来，中国特色社会主义制度更加成熟更加定型，国家治理体系和治理能力现代化水平不断提高，党和国家事业焕发出新的生机活力。

"我国国家制度和国家治理体系管不管用、有没有效,实践是最好的试金石"

浪漫开幕式惊艳海内外,多项新纪录刷新人类极限,"冰墩墩"全球圈粉……赛程过半的 2022 北京冬奥会,赢得世界一次又一次由衷喝彩。

新冠疫情发生以来,全球综合性体育盛会首次如期成功举行。以习近平同志为核心的党中央引领中国人民兑现了对世界作出的庄严承诺,为"中国之治"写下生动注脚。

"鞋子合不合脚,只有穿的人才知道。中国特色社会主义制度好不好、优越不优越,中国人民最清楚,也最有发言权。"习近平总书记一语中的。

中国特色社会主义制度和国家治理体系,在中国特色社会主义伟大实践中展现出强大生命力和巨大优越性。

——"中国之制"迈向"中国之治",不断续写经济快速发展和社会长期稳定"两大奇迹"。

2021年12月8日至10日,北京京西宾馆,中央经济工作会议在这里举行。

"必须坚持党中央集中统一领导""必须坚持高质量发展""必须坚持稳中求进""必须加强统筹协调"——习近平总书记阐明中国经济逆风前行的密码,也为全球经济治理提供有益借鉴。

刚刚过去的2021年,尽管疫情形势复杂多变,中国经济交出全年增长8.1%的优异成绩单。

★ 2022年2月4日晚,第二十四届冬季奥林匹克运动会开幕式在北京国家体育场举行,图为中国代表团在开幕式上入场。(新华社记者曹灿摄)

用几十年时间走完了发达国家几百年走过的工业化进程，跃升为世界第二大经济体。与此同时，长期保持社会和谐稳定、人民安居乐业，成为国际社会公认最有安全感的国家之一……

在人类发展史上，中国之外没有任何一种国家制度和国家治理体系能在这样短的历史内创造出这样的奇迹。

这是党带领人民长期不懈奋斗的必然结果，也是我国国家制度和治理体系显著优势充分发挥的必然结果！

——"中国之制"迈向"中国之治"，制度优势更好应对风险挑战冲击。

世纪疫情是一场大考，对各国治理体系和治理能力都是严峻考验。

确定"外防输入、内防反弹"总策略、"动态清零"总方针；全程接种人数超过12亿，疫苗接种率达87%以上；上到百岁老人、下到新生婴儿，救治病患不惜一切代价，不分年龄、不分区域、不分民族……

疫情之下，"中国之治"与"西方之乱"形成鲜明对比，充分彰显中国特色社会主义制度的治理效能。

从历史性地解决绝对贫困问题，到有效应对重大自然灾害，从稳妥处理突发风险事件，到积极应对世界百年未有之大变局……历史一次又一次证明，重大风险挑战面前，中国

★ 2021年10月28日,海南省海口市琼山第三小学的学生排队接种疫苗。(新华社记者郭程摄)

共产党领导的"中国之治"蕴含着无限生机活力。

——"中国之制"迈向"中国之治",始终将人民作为根本的价值依归。

虎年春节前夕,在纷纷扬扬的雪花中,习近平总书记走进山西霍州市师庄乡冯南垣村、汾西县僧念镇段村,亲切看望慰问基层干部群众。

2012年底,同样是一个冬日,习近平总书记顶风踏雪,来到地处太行山深处的河北阜平县骆驼湾村和顾家台村,看真贫、听民声。

几度踏雪,一路为民。"共产党就是给人民办事的,就是要让人民的生活一天天好起来，一年比一年过得好。"习近平总书记话语温暖，道出中国特色社会主义制度的人民本色。

不断解放和发展社会生产力，满足人民过上美好生活的新期待；积极发展全过程人民民主，切实保障人民当家作主；不断改善和保障民生，增强人民的获得感、幸福感和安全感……中国特色社会主义制度获得了最广大人民群众的认可、拥护和支持。

2022年1月，全球知名公关咨询公司爱德曼发布的"爱德曼信任度晴雨表"显示：2021年中国民众对政府信任度高达91%，同比上升9个百分点，蝉联全球第一。

把握"时"与"势"，融通"制"与"治"。在以习近平同志为核心的党中央坚强领导下，中国特色社会主义制度日臻完善，"中国之治"在世界舞台绽放更加夺目的光芒。

"只要我们沿着这条道路继续前进，就一定能够实现国家治理体系和治理能力现代化"

2021年12月17日，北京中南海。习近平总书记主持召开中央全面深化改革委员会第二十三次会议，审议通过《关于加快建设全国统一大市场的意见》等文件，进一步释放出"从制度建设着眼，坚持立破并举"推动各项事业发展的鲜明信号。

党的十八大以来，习近平总书记主持召开60余次中央全面深化改革委员会（领导小组）会议，推动全面深化改革向纵深挺进，推进各项制度更加成熟定型。

实践发展永无止境，解放思想永无止境。

"从形成更加成熟更加定型的制度看，我国社会主义实践的前半程已经走过了，前半程我们的主要历史任务是建立社会主义基本制度，并在这个基础上进行改革。"

"后半程，我们的主要历史任务是完善和发展中国特色社会主义制度，为党和国家事业发展、为人民幸福安康、为社会和谐稳定、为国家长治久安提供一整套更完备、更稳定、更管用的制度体系。"

——习近平总书记的重要讲话拨云见日、把舵定向。

放眼全球，百年变局与世纪疫情交织演变，单边主义、保护主义上升，国际格局深刻调整，不稳定不确定因素明显增多。

审视国内，我们全面建成了小康社会，但发展不平衡不充分问题仍然突出，重点领域关键环节改革任务仍然艰巨，创新能力仍不适应高质量发展要求。

正如习近平总书记深刻指出的，"我们的国家治理体系和治理能力总体上是好的，是有独特优势的，是适应我国国情和发展要求的。同时，我们在国家治理体系和治理能力方面还有许多亟待改进的地方，在提高国家治理能力上需要下更大气力。"

拉长历史的坐标轴，党的十九届四中全会擘画了"中国之治"的宏伟蓝图：

——到2035年，各方面制度更加完善，基本实现国家治理体系和治理能力现代化；

——到新中国成立100年时，全面实现国家治理体系和治理能力现代化，使中国特色社会主义制度更加巩固、优越性充分展现。

这恰与党的十九大作出到本世纪中叶把我国建成富强民主文明和谐美丽的社会主义现代化强国的战略安排高度契合。

站在新的历史起点上，向着第二个百年奋斗目标进军，更需要现代化的国家治理体系和治理能力保驾护航。

开辟"中国之治"新境界，就要始终保持攻坚克难的勇气——

犯其至难而图其至远。制度更加成熟更加定型是一个动态过程，治理能力现代化亦是如此，不可能一蹴而就，也不可能一劳永逸。我们决不能停下脚步，决不能有松口气、歇歇脚的想法，要不断与时俱进完善和发展中国特色社会主义制度和国家治理体系。

开辟"中国之治"新境界，就要严格遵守和执行制度——

制度的生命力在于执行。中国特色社会主义根本制度、基本制度、重要制度，是对党和国家各方面事业作出的制度安排。无论是编制发展规划、推进法治建设、制定政策措施，还是部署各项工作，都要遵照这些制度，不能有任何偏差。

开辟"中国之治"新境界，就要把提高治理能力作为新时代干部队伍建设的重要任务——

办好中国的事情，关键在党，关键在人。要通过加强思想淬炼、政治历练、实践锻炼、专业训练，推动广大干部严格按照制度履行职责、行使权力、开展工作，将制度优势更好地转化为治理效能。

历史照亮未来，征程未有穷期。

"我们已经走出了建设中国特色社会主义制度的成功之路，只要我们沿着这条道路继续前进，就一定能够实现国家治理体系和治理能力现代化"。

在习近平新时代中国特色社会主义思想指导下，我们一定能够坚持好、巩固好、完善好、发展好我国国家制度和国家治理体系，不断把制度优势更好转化为治理效能，为实现中华民族伟大复兴创造新的更大辉煌！

（新华社北京2022年2月17日电　新华社记者赵晓辉、林晖、刘开雄、王琦、李延霞、刘慧）